अर्थशास्त्र मार्क्स के आगे

राममनोहर लोहिया

अनुवाद
ओंकार शरद

लोकभारती पेपरबैक्स

पहला सजिल्द संस्करण
लोकभारती प्रकाशन द्वारा
1995 में प्रकाशित

लोकभारती पेपरबैक्स में
पहला संस्करण : 2008
तीसरा संस्करण : 2025

लोकभारती पेपरबैक्स : उत्कृष्ट साहित्य के जनसुलभ संस्करण

लोकभारती प्रकाशन
पहली मंजिल, दरबारी बिल्डिंग, महात्मा गांधी मार्ग,
प्रयागराज-211 001
द्वारा प्रकाशित
शाखाएँ : 1-बी, नेताजी सुभाष मार्ग, दरियागंज, नई दिल्ली-110 002
अशोक राजपथ, साइंस कॉलेज के सामने, पटना-800 006
1, अनमोल सोराबजी सन्तुक लेन, धोबी तलाव, मरीन लाइंस, मुम्बई-400 002
वेबसाइट : www.lokbhartiprakashan.com
ई-मेल : info@lokbhartiprakashan.com

विकास कम्प्यूटर एंड प्रिंटर्स
ट्रॉनिका सिटी-201 102
द्वारा मुद्रित

मूल्य : ₹199

ARTHSHASTRA : MARX KE AAGE
by Ram Manohar Lohia
Translated by Onkar Sharad

ISBN : 978-81-8031-212-0

राममनोहर लोहिया

राममनोहर लोहिया का जन्म 23 मार्च, 1910 को फैजाबाद, उत्तर प्रदेश में हुआ। उन्होंने अकबरपुर, बनारस और कलकत्ता से शिक्षा प्राप्त की। बर्लिन विश्वविद्यालय से 1933 में अर्थशास्त्र में पी-एच.डी.। 1934 में कांग्रेस सोशलिस्ट पार्टी के संस्थापक सदस्य, राष्ट्रीय कार्यकारिणी के सदस्य, अंग्रेजी साप्ताहिक 'कांग्रेस सोशलिस्ट' का सम्पादन। 1936-38, अखिल भारतीय कांग्रेस समिति के विदेश सचिव। 1942 की अगस्त क्रान्ति का नेतृत्व, विशेष रूप में कांग्रेस रेडियो का संचालन। 1944 के आरम्भ में गिरफ्तारी, लाहौर के किले में यातनाएँ। 1946 में बंगाल और बाद में दिल्ली में गांधी जी के शान्ति प्रयत्नों में सक्रिय योग। 1948 में हिन्द किसान पंचायत के अध्यक्ष। 1947-51, समाजवादी दल की विदेश नीति समिति के सम्मेलन में भारतीय प्रतिनिधि के रूप में यूरोप यात्रा, 1951 में विश्व-यात्रा। 1954 में प्रजा सोशलिस्ट पार्टी के महामंत्री। 1955-56, सोशलिस्ट पार्टी की स्थापना, प्रथम अध्यक्ष। 1958 में अंग्रेजी हटाओ, दाम बाँधो और जाति-विनाश आन्दोलनों का सूत्रपात और संगठन निर्माण। 1962 में फर्रुखाबाद, उत्तर प्रदेश से उपचुनाव में लोकसभा के सदस्य निर्वाचित। 1964 में अमरीका यात्रा और रंगभेद के विरुद्ध सिविल नाफरमानी करने पर गिरफ्तारी। 1937 से 1966 के बीच ब्रितानी, पुर्तगाली, और कांग्रेसी शासनों द्वारा कुल 18 बार गिरफ्तार। उन्होंने इतिहास, राजनीति, धर्म, दर्शन, समाजशास्त्र जैसे अनेक विषयों पर लिखी अपनी रचनाओं में आधुनिक और जटिल-से-जटिल विचारों को अपनी अनूठी शैली में अभिव्यक्ति देकर न केवल हिन्दी की अभिव्यंजना शक्ति को प्रदर्शित किया बल्कि भाषा की समता को नया विस्तार दिया।

12 अक्टूबर, 1967 को नई दिल्ली के विलिंग्डन अस्पताल में उनका निधन हुआ।

ओंकार शरद

ओंकार शरद ने अपनी रचनाओं और अनुवादों के माध्यम से हिन्दी साहित्य और समाज को समृद्ध किया है। उनकी प्रमुख पुस्तकें हैं—'अन्तिम बेला', 'नाता-रिश्ता', 'मिट्टी छाया', 'आँचल का आसरा' (उपन्यास); 'लंका महराजिन', 'खाँ साहब', 'कच्ची नींद', 'झपकियाँ', 'हमारी गांधी वापस करो!' (कहानियाँ-स्केच); 'लोहिया : एक प्रामाणिक जीवनी' (जीवनी); 'लोहिया के विचार', 'भारतमाता-धरतीमाता' (सम्पादन)। उनके द्वारा किए गए कुछ महत्त्वपूर्ण अनुवाद हैं—'अन्नपूर्णा', 'मेरा बचपन', 'यह दुनिया!', 'नया बसन्त', 'चरित नायक', 'नारी का रूप'।

अर्थशास्त्र का एक नये दृष्टिकोण से विवेचन प्रस्तुत करने वाला डॉ. राममनोहर लोहिया का यह एक अनुपम और विचारोत्तेजक प्रबन्ध है। अर्थशास्त्र सम्बन्धी मार्क्सवादी सिद्धान्त के परीक्षण और जाँच के प्रति लोहिया की उत्सुकता ने एक गहरे सोच का रूप लिया और सन् 1943 में ही उन्होंने यह प्रबन्ध रच डाला था। यद्यपि लोहिया स्वयं इस प्रबन्ध को अधूरा मानते थे क्योंकि इसे पूरा लिख सकने के पूर्व ही वे ब्रितानी हुकूमत द्वारा कैद कर लिये गए थे, लेकिन उनके कथनानुसार अधूरा होते हुए भी यह प्रबन्ध अपने-आप में वैचारिक गम्भीरता से परिपूर्ण है और इसमें उन्होंने कुछ ऐसी महत्त्वपूर्ण बातें कही हैं जो इस विषय में दिलचस्पी रखने वालों के मन में गहरी हलचल पैदा करेंगी।

इस प्रबन्ध का अध्ययन करते समय इस तथ्य को नहीं भूलना होगा कि इसकी रचना सन् 1943 में हुई थी जब द्वितीय महायुद्ध चल रहा था और उसका भविष्य भी अनिश्चित था, तथा रूस उस युद्ध में बुरी तरह उलझा हुआ था और अर्थनीति सम्बन्धी उसकी खोज चल रही थी। अतः इस प्रबन्ध में दिये गए आँकड़े भी तत्कालीन तथ्यों से ही सम्बन्धित हैं।

यह प्रबन्ध पुराना होने पर भी वैचारिक दृष्टिकोण से आज भी नया है, क्योंकि इसमें जो जाँच की गई है वह आज भी अनुत्तरित ही है और विभिन्न क्षेत्रों में यह जाँच आज भी जारी है।

—ओंकार शरद

[सन् 1942-43 में अंग्रेजी शासन के विरुद्ध खुले विद्रोह के समय जब समाजवादी-जन या तो जेलों में थे या उनको खदेड़ा जा रहा था, तब विदेशी महाप्रभुओं के साथ मिलकर कम्युनिस्ट अपना 'जनयुद्ध' लड़ रहे थे, मार्क्सवादी सिद्धान्त के अपने विशाल व्यावहारिक अन्तर्विरोधों ने मुझे उद्विग्न कर दिया। अब तक की धारणाओं के सत्य की खोज करने और उसके असत्य को नष्ट करने की मेरी इच्छा जागी। चार योजनाबद्ध पहलुओं पर मैंने नये सिरे से विचार करना शुरू किया। अर्थशास्त्र, राजनीति, इतिहास और दर्शन—में अर्थशास्त्र अभी केवल आधा ही हुआ था कि पुलिस ने मुझे पकड़ लिया।

तब से खोज और अभिव्यक्ति के इस तरीके में मुझे कोई दिलचस्पी नहीं रही। किसी एक व्यक्ति के विचारों को राजनीतिक कर्म का केन्द्र नहीं बनाना चाहिए। वे विचार सहायता तो करें, परन्तु नियंत्रण नहीं। स्वीकृति और अस्वीकृति, दोनों ही अन्धविश्वास के बदलते पहलू हैं। मेरा विश्वास है कि गांधीवादी अथवा मार्क्सवादी होना मतिहीनता है और गांधीवाद-विरोधी या मार्क्सवाद-विरोधी होना भी उतनी ही बड़ी मूर्खता है। गांधी और मार्क्स दोनों के ही पास अमूल्य ज्ञान भंडार है, किन्तु तभी ज्ञान प्राप्त हो सकता है, जब विचारों का ढाँचा किसी एक युग या व्यक्ति के विचार तक ही सीमित न हो।

खोज करने वालों को व्यक्ति के विचारों का अन्वेषण करना होगा, विशेषत: अगर वह व्यक्ति मार्क्स या गांधी हो। आगे के पृष्ठों में लिखे विचार बिलकुल अधूरे हैं और लिखे जाने के बाद इनमें किसी तरह का परिवर्तन भी नहीं किया गया है। लेकिन भूल भी ज्ञान का ही स्रोत है। मैं इतनी ही आशा करता हूँ कि मैंने कुछ ऐसी महत्त्वपूर्ण बातें कही हैं, जो किसी अधिक योग्य प्रतिभाशाली और उद्यमी व्यक्ति में आगे खोज करने की गुदगुदी पैदा करेंगी। किसी भी दशा में मुझे आशा है कि इन पृष्ठों से अर्थशास्त्र में एक ऐसी विचारधारा की आवश्यकता प्रकट होगी जो मौजूदा सभी विचारों से भिन्न होगी। जो समस्त विश्व को समान कल्याण के एक सुखी इकाई में बदल देगी।]

सामाजिक न्याय के एक कार्यक्रम के रूप में साम्यवाद आरम्भ हुआ। उसका आधार था—एक वर्गविहीन समाज की प्राप्ति। सामाजिक न्याय के अन्य कार्यक्रमों की भाँति इसे भी आरम्भ में स्वार्थ, अज्ञान और उन लोगों की निन्दा का सामना करना पड़ा, जो हर महान चीज को अव्यावहारिक और असम्भव कहकर उड़ा देते हैं। अत: इसने दर्शन, इतिहास और अर्थशास्त्र की एक पूर्ण-पद्धति को विकसित किया। इसके प्रथम दार्शनिक के 16वीं सदी के एक जर्मन होने का प्रभाव भी इसमें सम्भव है। जो भी हो, मानवी-उत्थान के एक ठोस कार्यक्रम को क्रियान्वित करने के लिए विचारों की एक पूर्ण व्यवस्था विकसित करना, इतिहास में नई बात नहीं है। वेदान्त, बौद्धधर्म, ईसाईधर्म और उदारवाद, सभी में इसी तरह की बातें मिलती हैं। साम्यवाद के विकास में एक नई बात थी, वह उसके वैज्ञानिक होने का दावा। उसका यह कहना कि वह एक नैतिक-कानून नहीं, बल्कि नैयायिक-विधेयक है। साम्यवाद के दर्शन का दावा है कि पूँजीवाद के

विकास का आवश्यक परिणाम है, वर्गविहीन समाज का निर्माण। इस दावे के चारों ओर नियमों की एक पूरी तालिका खड़ी हो गई है। मार्क्स द्वारा प्रतिपादित इस सिद्धान्त का इतना शक्तिशाली प्रभाव हुआ है, कि साम्यवाद और मार्क्सवाद[1] पर्यायवाची हो गए हैं और सभी समाजवादी और कम्युनिस्ट विभिन्न सीमाओं तक इससे प्रभावित हैं। नियमों के इस विधान का अध्ययन पूँजीवादी अर्थतंत्र के क्षेत्र से आरम्भ करना होगा, जिस क्षेत्र के यह सबसे निकट है और जहाँ कम-से-कम गलतियाँ होने की सम्भावना है। मार्क्सवाद द्वारा प्रतिपादित पूँजीवादी विकास के नियमों और सिद्धान्तों का एक संक्षिप्त विवरण देना यहाँ आवश्यक है।

पूँजीवादी विकास का सिद्धान्त इस सत्य में निहित है कि 'श्रम' अन्य वस्तुओं की भाँति एक वस्तु है। पूँजीपति 'श्रम' को इसलिए खरीदते हैं कि उसकी सहायता से बिक्री के लिए अन्य वस्तुओं का उत्पादन कर सकें। किन्तु, अन्य वस्तुओं के विपरीत, श्रम अपने अन्तर में दो विरोधी मूल्यों को धारण किये हुए है। हर अन्य वस्तु का एक निश्चित मूल्य होता है—उसके उत्पादन के लिए सामाजिक दृष्टि से आवश्यक समय। श्रम का भी यह मूल्य अवश्य होता है जो खाना, कपड़ा और मजदूरों की अन्य आवश्यकताओं की माँगें जो किसी पूँजीवादी काल-विशेष में प्रभावी हों, इस मूल्य की माप बनती हैं। मजदूर काम करता है और उसे उसका भोजन दिया जाता है, जिससे वह फिर काम कर सके। उसे इस प्रकार इस विशेष समय में जो कुछ 'खाना' के रूप में दिया जाता है, वही उसकी मजूरी है। यह श्रम का एक मूल्य है, उसके परिवर्तन का मूल्य, पुनः उत्पादक का मूल्य, यही उसकी मजूरी है। किन्तु, श्रम का दूसरा मूल्य भी है, उसकी उपयोगिता का

1. मार्क्सवाद कभी लेनिनवाद के नाम से प्रचलित, क्योंकि लेनिन प्रथम व्यक्ति थे जो मार्क्सवाद को एक राज्य में व्यवहार में लाए और इसके सामान्य सिद्धान्त में आंशिक रूप से नयापन भी जोड़ा।

मूल्य, उसे खरीदने वाले पूँजीपति के लिए। पूँजीपति मजदूर की श्रम-शक्ति के लिए दाम देता है लेकिन उसके बदले, उसके द्वारा उत्पादित सारी वस्तुएँ पाता है। इन वस्तुओं का एक भाग मजदूर की मजूरी में चला जाता है, किन्तु दूसरा भाग पूँजीपति के मुनाफे के रूप में बचा रहता है। मजदूर का दिन दो भागों में बाँटा जाता है। एक भाग में उसकी मजूरी निकलती है और दूसरे से मुनाफा। पूँजीवादी मुनाफे के स्रोत का उद्गम यही है, कोई और लेन-देन नहीं, क्योंकि केवल श्रम ही मूल्य का एकमात्र निर्माता है। मुनाफे की खोज में पूँजीपति मशीनों का उपयोग करने और उन्हें सुधारने की चेष्टा करता है, जिससे वह श्रम-शक्ति को अधिक उपयोगी बना सके। मशीनें अधिक मुनाफा नहीं उत्पन्न करतीं, बल्कि मशीनयुक्त श्रम ही ऐसा करता है। अतः पूँजीवादी विकास को संचालित करने वाली शक्ति स्पष्टतः श्रम के विनिमय मूल्य और उसकी उपयोगिता मजूरी और उत्पादन के अन्तर में है। यह अन्तर अतिरिक्त मूल्य का स्रोत है, जिससे पूँजीवादी व्यवस्था के सारे लाभ[1] उत्पन्न होते हैं। पूँजीवादी उत्पादन और विकास के नियमों का एक पूरा क्रम इस अतिरिक्त मूल्य की जीवन-वृत्ति में देखा जा सकता है।

पूँजी और अधिक पूँजी एकत्र करती है। बेहतर मशीनों और संयुक्त-श्रम के लिए अतिरिक्त मूल्य या पूँजीवादी लाभ का उपयोग किया जाता है, जिससे और अधिक मूल्य उत्पन्न होता है। यही पूँजीवादी एकत्रीकरण का नियम है।

पूँजीवाद के अन्तर्गत, उत्पादन और वितरण एक-दूसरे से कदम मिलाकर नहीं चल पाते। जितना खरीदा जा सकता है, उससे अधिक उत्पादन होता है, क्योंकि श्रम की उत्पादन-शक्ति और मुनाफा बराबर बढ़ते जाते हैं, जबकि वेतन न्यूनाधिक एक ही स्तर पर रहते हैं। इस प्रकार जनसाधारण की क्रय-शक्ति और उत्पादन में अन्तर आ जाता है, जिससे उद्योग-धन्धों

---

1. यहाँ पूरी व्यवस्था का आय, किराया, सूद आदि से अर्थ है, किसी विशेष उद्योगपति की साहसिकता से पैदा विशेष मुनाफा से नहीं।

में संकट उत्पन्न होते हैं। पूँजीवाद में समय-समय पर आने वाले संकटों का यह एक नियम है।

भारी और पेचीदा मशीनों को उत्पादन के साधन बनाने के लिए और अधिक पूँजी लगाई जाती है। इससे कुछ समय के लिए संकट टल जाता है, क्योंकि, इससे उत्पादन में तुरन्त वृद्धि नहीं होती, वरन् निकट भविष्य में उत्पादन-शक्ति की नींव पड़ती है। पूँजी के स्थायी भाग (मशीन, इमारत आदि) का अनुपात बढ़ता है, लाभ की दर गिरती है। बड़े पैमाने पर उत्पादन बढ़ता है। छोटे पूँजीपति नष्ट हो जाते हैं और पूँजीवाद, एकाधिकारवादी पूँजीवाद में बदल जाता है। पूँजी के केन्द्रीकरण या बड़े पैमाने के अथवा एकाधिकारवादी उत्पादन का यह एक नियम है।

जबकि पूँजी एकत्र और केन्द्रित होती है, तब जनसंख्या का एक बड़ा भाग बेकार होकर उद्योग का श्रम-भंडार बढ़ाता है और मजदूर अधिक गरीब होते जाते हैं। गरीबी बढ़ने का और मजदूरों के धनहीन होने का यह एक नियम है।

इसके साथ-साथ मजदूर वर्ग में अधिकाधिक एकता आती है, वह अपने प्रति सजग होता है, क्योंकि वह सहयोग से और बड़ी संख्याओं में एकाधिकारवादी उद्योग-धन्धों में काम करता है। श्रम के समाजीकरण का यह नियम है।

विकास के इन नियमों से होकर गुजरने में श्रम के मूल्य और उत्पादन का अन्तर और तीखा स्वरूप धारण करता है। यह पूँजीवाद स्वामित्व और सामाजिक उत्पादन, पुराने सम्बन्धों और बढ़ती हुई शक्तियों का विरोधी बन जाता है। एकाधिकारवादी पूँजीपतियों और बहुसंख्यक, क्रुद्ध, समाजीकृत श्रमिक वर्ग का द्वन्द्ध बन जाता है। वर्ग-संघर्ष अपने आखिरी दौर में आता है, जब मजदूर वर्ग पूँजीवादी ढाँचे को तोड़ देता है। मजदूर वर्ग की तानाशाही को स्थापित करने वाले वर्ग-संघर्ष का यह एक नियम है।

इन नियमों में पूँजीवाद के स्थायी आर्थिक संकट का नियम और जोड़ देना चाहिए, जब उद्योग-धन्धों में मन्दी और तेजी का बारी-बारी से आना बन्द हो जाता है। स्थायी और निरन्तर आर्थिक संकट की इस अवधि में पूँजीवादी युद्ध होते हैं, पूँजीवाद का पूर्ण ह्रास होता है और विश्व के श्रमिक वर्ग की विजय होती है। साम्राज्यवादी युद्ध लाने वाले पूँजीवाद के स्थायी संकट और विश्वक्रान्ति का यह एक नियम है।[1]

'लूटने वालों की लूट' का चित्रण करने वाले अपने प्रसिद्ध वाक्यों में, मार्क्स ने पूँजीवादी उत्पादन में जुड़े इन नियमों को, मोटे तौर पर, इस प्रकार बताया है—पूँजी का केन्द्रीकरण, उत्पादन विधि (टेकनीक) में सुधार के लिए विज्ञान का सोद्देश्य प्रयोग, समाजीकृत श्रम के उपयोग द्वारा उत्पादन के साधनों के व्यय में कमी, पूँजीवादी प्रभुओं की संख्या में निरन्तर कमी और गरीबी, दलन एवं गुलामी की मात्रा में सानुपातिक वृद्धि और प्रतिदिन बढ़ता हुआ बहुसंख्यक मजदूर वर्ग, जो पूँजीवादी उत्पादन-विधि की व्यवस्था से ही अनुशासित, एकत्र और संगठित होता है। पूँजीवादी विकास के ये मार्क्सवादी नियम केवल विद्वानों के लिए महत्त्व के नहीं हैं। यद्यपि रूढ़िगत नियमों के रूप में देखने के अलावा कम ही लोग इन्हें पढ़ते हैं और उससे भी कम लोग इन्हें समझने का प्रयत्न करते हैं। किन्तु मार्क्सवादी, नवमार्क्सवादी अथवा मार्क्सवाद विरोधी सभी प्रकार के समाजवादी इनमें

---

1. इस नियम की विस्तृत व्याख्या में, मार्क्स की अपेक्षा एंगेल्स और लेनिन ने अधिक बड़ी भूमिका अदा की। यद्यपि 1914 के विश्वयुद्ध के छब्बीस वर्ष पहले एंगेल्स ने 'युद्ध में पूँजीवाद के पूर्ण ह्रास के द्वारा मजदूर वर्ग की अन्तिम विजय की स्थिति उत्पन्न होने' की भविष्यवाणी की थी, किन्तु, लेनिन और उनके साथी विचारकों ने ही समय-समय पर आने वाले संकट के नियमों को पूँजीवाद के स्थायी संकट और विश्वक्रान्ति के नियमों में विकसित किया। एंगेल्स की भविष्यवाणी के साठ वर्षों बाद और लेनिन के तीस वर्षों बाद भी विश्वक्रान्ति न हो सके और विश्व पूँजीवाद अपनी थकान पर विजय प्राप्त करके तीसरे विश्वयुद्ध को रोक सके, इसके लिए और कौन से नियम बनेंगे, कहना मुश्किल है।

से ही कुछ नियमों पर, विशेषत: इनके मूलस्त्रोत-श्रम शक्ति की उपयोगिता और उनके मूल्य के अन्तर के साधारण इतिहास पर अपने विचारों और कार्यों को आधारित करते हैं।

इन नियमों का समर्थन अथवा खंडन करते-करते इससे सम्बन्धित विशाल साहित्य तैयार हो गया है। लेकिन अधिकांश में यह एक निरर्थक विवाद का ही साहित्य बन गया है। हमें समर्थन या खंडन करने के लिए नहीं, बल्कि पूँजीवादी विकास के क्रम को समझने के लिए इन नियमों को देखना चाहिए।

हम देखें कि पूँजीवादी विकास की प्रमुख घटनाएँ कहाँ तक इन नियमों का समर्थन करती हैं अथवा इनके विरुद्ध जाती हैं। गरीबी की बढ़ोतरी और धनहीनता का नियम तो सबसे पहले खतम हो जाता है। इस बात से इनकार करना निरर्थक होगा कि मार्क्स द्वारा इस नियम के प्रतिपादन के सत्तर वर्ष बाद और सर्वप्रथम पूँजी के बड़े-बड़े केन्द्र बनने के पच्चीस वर्ष के उपरान्त पूँजीवादी देशों में श्रमिक वर्ग, न केवल धनहीन नहीं हुआ, पहले से अधिक गरीब नहीं हुआ, वरन् उसके जीवन के स्तर में निरन्तर सुधार ही होता गया। यहाँ तक कि जर्मन अर्थशास्त्री यह दावा करने में समर्थ हो सके कि मध्यवर्ग के सर्वहारा बनने के बजाय, सर्वहारा वर्ग ही क्रमश: मध्यवर्ग में बदलता जा रहा था। अंग्रेज अर्थशास्त्री भी समृद्ध मजदूरों की ओर इशारा कर सकते थे। ज्योतिषियों की 'देखते रहो क्या होता है' की नीति द्वारा कम्युनिस्टों ने इन सत्यों से इनकार करने की चेष्टा की। मार्क्स के सिद्धान्तों में इस तरह की ज्योतिषियों-जैसी बहानेबाजी नहीं थी। आम जनता की गरीबी, पूँजी के केन्द्रीकरण की आवश्यक परिणति थी। गरीबी में बढ़ोतरी एकाधिकारवादी पूँजी का अनिवार्य फल थी। इस अनिवार्य फल के प्रकट होने में तीस या चाहे सौ वर्ष भी क्यों बीते? इसकी कोई वजह जरूर होनी चाहिए। वास्तव में, आंशिक गरीबी और धनहीनता 1914 के युद्ध के दस वर्ष बाद

पूँजीवादी देशों में निश्चित ही प्रकट हुई, किन्तु आंशिक रूप में। यह फिर आंशिक रूप में दूर भी हो गई। यह कहना कि पूँजीवादी सरकारें निर्माण कार्यक्रमों और युद्धोद्योगों द्वारा गरीबी दूर कर सकीं, एक नैतिक तथ्य है, किन्तु धनहीनता से अपने को बचाने की पूँजीवाद में 'निहित' योग्यता का यह कोई जवाब नहीं है। समाजवादी सिद्धान्त बनाकर अपने को सत्य के अनुरूप बनाना होगा।

पूँजी के केन्द्रीकरण में गरीबी की अनुपस्थिति को समझा सकने में, मार्क्सवादी सिद्धान्तों की इस कमजोरी के कारण, पूँजीवाद में औद्योगिक संकट के सही वर्णन में भी दोष आ गया है। पूरी उन्नीसवीं शताब्दी में उद्योग-धन्धों पर नियमित संकट आते रहे हैं, किन्तु उतनी ही नियमितता से संकट दूर भी होते रहे हैं। इन संकटों के तथा इनके दूर होने के बारे में, पूँजीवाद के आन्तरिक ढाँचे को सुधारते हुए उत्पादन के साधनों और स्थिर क्रय-शक्ति के संघर्ष का तर्क ही मुख्य मार्क्सवादी मत है।[1] इस आधार पर

1. इन आर्थिक संकटों, उनकी सामयिकता, उनकी प्रकृति और उनके कारणों आदि के सम्बन्ध में बहुत कुछ लिखा जा चुका है। इन संकटों की संख्या और उनके अन्तर की अवधि को गिनने का प्रयास किया गया है। विश्वविद्यालयों के प्राध्यापकों द्वारा इन्हें मुद्रा-संकट, उत्पादन-संकट, विश्वास-संकट आदि बताने के बारे में भी हमें अधिक चिन्ता नहीं करनी चाहिए। क्योंकि, ये विभक्तियाँ केवल बाह्य-रूप को ही प्रकट करती हैं और सवाल की जड़ तक नहीं जातीं। मार्क्स इस प्रश्न की जड़ में एक सीमा तक जाते हैं, जबकि वे उत्पादन और उपभोग, यांत्रिक श्रम-शक्ति के अधिक उत्पादन और मजदूरों के स्थिर अथवा घटते हुए वेतन के द्वन्द्व में इसका कारण खोजते हैं। किन्तु वे फिर संकट दूर होने का कारण भी उसी स्रोत में खोजते हैं, जो उसका कारण है। वे और उनके अनुयायी उत्पादन के साधनों में सुधार करने और ज्यादा अच्छी मशीनें आदि बनाने की अवधि पर जोर देते हैं, जिसमें उपभोग की वस्तुएँ तत्काल मंडी में नहीं जातीं, किन्तु वेतन मजदूरों को मिलता जाता है। इसके साथ ही, वे किसानों के शोषण, कृषि-सुधार, सारे विश्व को पूँजीवादी जाल में फँसने की बातें भी कह देते हैं, किन्तु इन बातों को, औद्योगिक आर्थिक संकट के मार्क्सवादी सिद्धान्त में, सही स्थान नहीं दिया गया है। सचमुच पूँजीवादी राजनीतिज्ञों और अर्थशास्त्रियों ने औद्योगिक संकटों की एक चिकित्सा-पुस्तक बनाई है, जिसमें न्यू डील, निर्माण-कार्यक्रम, युद्धोद्योग और शायद अनिच्छित रूप में युद्ध और युद्धोत्तर पुनः निर्माण शामिल है। इन निर्माण कार्यक्रमों में→

क्या यह सम्भव नहीं है कि पूँजीवाद जब स्थायी संकट में फँस गया है और समय-समय पर आने वाले संकटों की भाँति इस स्थिति में भी जीवित रहे और सम्भवतः एक देश में समाप्त होने पर दूसरे स्थान में उत्पन्न हो जाए?

समाजीकृत उत्पादन के सम्बन्ध में यह स्वीकार करना पड़ेगा कि बड़े-बड़े उद्योग-धन्धों और एकाधिकारवादी पूँजी का जन्म तो हुआ है, किन्तु छोटे पूँजीपति समाप्त नहीं हुए हैं। दरअसल बड़े धन्धों के हिस्सेदारों या स्वयं अपने धन्धों के स्वामी-व्यवस्थापक के रूप में छोटे पूँजीपतियों की संख्या बढ़ी ही है। इसी प्रकार, यद्यपि हजारों मजदूरों के एक ही स्थान पर सहयोग से काम करने के कारण, एक अर्थ में श्रम का समाजीकरण हुआ है, किन्तु उनमें एकता नहीं आई है। वैज्ञानिक और व्यवस्थापक, स्वतंत्र पेशे वाले और बाबू वर्ग आदि के अतिरिक्त स्वयं मजदूरों में भी कुशल-अकुशल, सामयिक और स्थायी के रूप में भेद हो रहे हैं। इन भेदों और मजदूरी की विभिन्नता ने श्रमिक वर्ग की कथित एकता को केवल एक शुभेक्षा में परिवर्तित कर दिया है।[1]

→ दलदल सुखाना, मलेरिया से लड़ना, सभाओं के लिए बड़ी-बड़ी इमारतें बनाना आदि, उपभोग की वस्तुओं में नहीं आते, किन्तु जनता के स्वास्थ्य और मनोरंजन में वृद्धि करते हैं और उनमें श्रमिकों को वेतन भी मिलता है। उत्पादन के साधनों में भी मशीन बनानेवाली मशीनों में जो उपभोग के क्षेत्र में बाद में आती हैं, और अन्य मशीनों में, जो उनके पहले ही उपभोग के क्षेत्र में आ जाती हैं, अन्तर किया जाता है। पूँजीवादी-म्युनिसिपल-आधार पर मकान बनाने का उद्योग भी कुछ समय के लिए संकट दूर कर सकता है, क्योंकि वह तुरन्त ही मंडी में नहीं आता। पूँजीवाद उद्योगों के उन सम्बद्ध समूहों की खोज कर रहा है, जो मंडी पर बिलकुल प्रभाव नहीं डालते या बहुत धीरे-धीरे डालते हैं। जब तक संकटों के समाजवादी सिद्धान्त की अब तक की उपेक्षित बातों को अच्छी तरह नहीं समझा जाता, तब तक सामयिक या स्थायी पूँजीवादी आर्थिक संकटों को साधारण जुकाम की भाँति ही समझना पड़ेगा, जो कष्टदायक तो होता है, किन्तु प्राणघातक किसी भी तरह नहीं।

1. पिछले दिनों कुछ ऐसी पुस्तकें प्रकाशित हुईं, जिनमें वैज्ञानिक स्वतंत्र पेशे वालों, वेतनभोगी और बाबू वर्गों को द्रोही ठहराया गया है। ये वर्ग इतने बहुसंख्यक और शक्तिशाली क्यों हैं, इसे न समझ पाने के कारण यूरोप में कभी तो उन्हें पूँजीवाद का पिछलग्गू समझते हैं और कभी उन्हें अपना मित्र मानकर प्रसन्न करने की चेष्टा करते हैं।

इतिहास ने पूँजीवादी विकास के सिद्धान्तों के साथ सबसे बड़ी चाल खेली है कि क्रान्ति, जर्मनी में जहाँ उसकी आशा थी या पश्चिमी यूरोप के अन्य विकसित देश में न होकर, रूस में हुई।[1] 'पूँजीवादी विकास में निहित नियमों' के अनुसार पूँजीवादी ढाँचों को वहीं टूटना था, जहाँ वह पूँजी के केन्द्रीकरण और समाजीकृत श्रम के साथ चल सकने में असमर्थ हो। वर्ग-संघर्ष के इस सिद्धान्त ने एक बेतुकी छलाँग कैसे लगा ली, इसे मार्क्सवादी सिद्धान्तों में अब तक नहीं बताया जा सका है, न उनमें इसे सम्मिलित ही किया जा सका है। ट्राट्स्की की यह सफाई, कि पूँजीवादी जंजीर अपनी सबसे कमजोर कड़ी पर टूट गई, एक सुन्दर व्याख्या है, और शायद सही भी। किन्तु यह पूँजीवाद के सम्बन्ध में कम्युनिस्ट सिद्धान्त के बिलकुल विपरीत है। पूँजीवादी जंजीर कहाँ टूटती है? मार्क्स कहते हैं, अपनी सबसे विकसित कड़ी पर, और ट्राट्स्की कहते हैं, अपनी सबसे कमजोर कड़ी पर। इन दो पराकाष्ठाओं के बीच साम्यवाद निश्चय ही हमेशा सही होगा। लेनिन का जवाब भी ट्राट्स्की ही की भाँति मार्क्स के विरुद्ध है। लेनिन की बोलशेविक पार्टी के सक्रिय हिस्से में हम रूसी क्रान्ति का कारण देखते हैं। थोड़े परिवर्तन के साथ, कि अब पार्टी को लेनिन-स्टालिन की पार्टी कहा जाता है, साम्यवादियों ने यह जवाब रट लिया है। वर्ग-संघर्ष की यह अन्तिम क्रिया कैसे अपने लौह नियमों के बाहर निकल गई, इसे वैज्ञानिक आधार पर समझाने की कोई कोशिश नहीं की गई। वास्तव में, यह आवश्यक नहीं था, क्योंकि शीघ्र ही सोवियत रूस और तृतीय अन्तरराष्ट्रीयों ने फिर विश्व-क्रान्ति

---

1. कम्युनिस्ट मैनिफेस्टो के प्रकाशन से रूस की क्रान्ति तक, यानी सत्तर वर्षों तक लेनिन भी, पश्चिमी यूरोप विशेषत: जर्मनी में, क्रान्ति होने की आशा करते थे। मार्क्स या लेनिन द्वारा कभी रूस में या अन्यत्र क्रान्ति के पहले होने की सम्भावना स्वीकार करना अधिक महत्त्व का नहीं है। जर्मनी और पश्चिमी यूरोप के बारे में भविष्यवाणी की गई थी। सत्तर वर्षों तक मार्क्सवादी इस भविष्यवाणी पर जीवित रहे तथा रूसी क्रान्ति की थोड़ी-सी अवधि के बाद फिर इसी पर वापस आ गए।

के केन्द्र के रूप में पश्चिमी यूरोप पर अपना ध्यान केन्द्रित कर दिया। क्रान्ति की ऐतिहासिक घटनाओं से ज्यादा महत्त्व पोथी में लिखे वाक्यों को दिया गया। ऐसा प्रतीत होता है कि विश्व-क्रान्ति का मूल्य देकर भी मार्क्सवादी यह साबित करने को कटिबद्ध है कि मानवता अपने विकास की उच्चतम सीमा पर पहले यूरोप में पहुँचेगी।

पूँजी के एकत्रीकरण के सम्बन्ध में मार्क्सवाद बिलकुल सही है। एक दृष्टि से औद्योगिक एकाधिकार और श्रम के समाजीकरण के प्रश्नों के सम्बन्धों में भी यही सही है। किन्तु, यह गरीबी में वृद्धि, वर्ग-संघर्ष और विश्वक्रान्ति के सम्बन्ध में सत्य से दूर है। उत्पादन के सही विश्लेषण और संचार के नियमों को देख पाने में इसकी भूलों के कारण क्या हैं? ऐसा नहीं है कि गरीबी और धनहीनता पैदा नहीं हुई, अथवा वर्ग-संघर्ष और विश्व-क्रान्ति के स्थान देखे न जा सकते हों। ऐसा भी नहीं है कि मार्क्स और उनके अनुयायी सम्बन्धित-सत्यों से अनभिज्ञ रहे हों। सच यह है कि मार्क्सवाद इतना मजबूत नहीं था कि इन सत्यों को पचाकर पूँजीवाद के विश्लेषण में इन्हें बुनकर कोई सिद्धान्त निरूपण कर सके। पहले हम सम्बन्धित सत्यों को देखें।

पूँजीवाद पहले इंग्लैंड में, अठारहवीं शताब्दी के उत्तरार्द्ध में पैदा हुआ। पूँजीवादी हलचल के पहले, चाँदी इकट्ठा होने के कारण, बंगाल की आय और स्पेन के जहाजों की लूट उतने ही महत्त्व की थी, जितना कि ब्रिटेन की आम जमीनों से किसानों का निकाला जाना। सबसे पहले कपड़ा उद्योग ने पूँजीवाद के टेकनिकल आधार, मशीनों का इस्तेमाल किया। लंकाशायर के इस उद्योग ने, आरम्भ होते ही अपने देश के बाहर एक बाहरी शक्ति-स्रोत ढूँढ़ा और उसे भारत में पाया। अंग्रेजी वस्त्रों ने आर्थिक ढंग से भारतीय वस्त्रों पर विजय नहीं पाई, इसी से एक ब्रिटिश पार्लियामेंटरी कमीशन ने कहा था कि 'लंकाशायर के वस्त्र भारतीय बुनकरों की सूखी हड्डियों से सफेद

किये जा रहे हैं', तो उसका अर्थ यह नहीं था कि भारतीय कारीगर अंग्रेजी वस्तुओं का मुकाबला नहीं कर सके। भारतीय बुनकरों पर प्रत्यक्ष आक्रमण करने के अलावा, आन्तरिक व्यापार का एकाधिकार अपने हाथ में लेकर ईस्ट इंडिया कम्पनी और उनके कर्मचारी ही यह फैसला कर सकते थे कि कौन-सी वस्तु बाजार में आएगी और कौन-सी नहीं।[1] भारतीय वस्त्रों पर अंग्रेजी वस्त्रों की विजय, राजनीतिक विजय थी। अंग्रेजी शासन के कारण ही, आरम्भ से ही लंकाशायर उद्योग को भारत से शक्ति मिली थी। एक बार फिर जैसे ही रेल और इंजन बनाने का भारी उद्योग इंग्लैंड में उन्नीसवीं सदी के मध्य शुरू हुआ, उसे तुरन्त ही भारत में बहुसंख्यक इंजनों, रेलों और अन्य वस्तुओं के रूप में, वरन् भारतीय रेलों में पूँजी लगाने से भी मिली, जिस पर एक न्यूनतम ब्याज सुरक्षित था।[2] भारतीय रेलों से ब्रिटेन के इंजीनियरिंग उद्योग को और समस्त ब्रिटिश पूँजीवाद को कई तरह से शक्ति मिलती रही है। यह बताने की शायद जरूरत नहीं है कि उन्नीसवीं सदी के उत्तरार्द्ध में और उसके बाद भारत में जूट, कपास, चाय, तेलहन और चमड़े की वस्तुओं के द्वारा व्यावसायिक कृषि की विशाल वृद्धि ने

---

1. यह कहना अप्रासंगिक है कि मशीन से उत्पादित वस्तुएँ अवश्य ही हाथ से निर्मित वस्तुओं को खतम कर देती हैं। हमारा सम्बन्ध यहाँ इतिहास के वास्तविक विकास से है, न कि किसी रुई व्यवसायी व्यक्ति की राय में इतिहास का विकास कैसा हो सकता है, इससे है। इतिहास दिखाता है कि भारत में अंग्रेजी राज का समर्थन न मिलने पर, भारत के कारीगर नहीं, लंकाशायर का उद्योग ही आरम्भ में खत्म हो जाता।
2. अगर इस तरह की कोई और चीज फिर नहीं होने जा रही हो, तो यह विश्व के इतिहास में सबसे महत्त्वपूर्ण आर्थिक सौदा था, जिसके अनुसार अंग्रेज पूँजी लगाने वालों को एक सुरक्षित अर्द्धवार्षिक ब्याज मिलता था और जब कभी मुनाफे अधिक होते थे तो वह भी उन्हें मिलता था। प्रश्न यह नहीं है कि रेलों से भारत को फायदा हुआ या नहीं। यहाँ यह सत्य निर्धारित करना है कि अंग्रेजों के अधीन भारतीय रेलों के बिना, ब्रिटिश रेल-रोड उद्योग कभी पनप नहीं सकता था। ब्रिटेन ने भारत को रेलें नहीं दीं। भारत ने ब्रिटेन को रेलें और इंजीनियरिंग उद्योग दिये। इतिहास में ऐसी बातें भरी पड़ी हैं, जो बाह्य आचरण के विरुद्ध जाती हैं।

ब्रिटिश पूँजीवाद को अति आवश्यक शक्ति दी। कृषि का वह व्यवसायीकरण साम्राज्यवादी-औपनिवेशिक स्तर पर हुआ, (क) भूमिहीन मजदूरों को भुखमरी की मजदूरी देकर, जैसे, आसाम में, तथा (ख) किसानों को (कुछ कपास बोने वाले किसानों को छोड़कर) बहुत थोड़ी मजदूरी देकर, जैसे उत्तर प्रदेश, बंगाल और बिहार में, (ग) एक बार फिर 1914 के युद्ध के बाद जब ब्रिटिश पूँजीवाद को अपने आम-संकट का सामना करना पड़ा, दस करोड़ से अधिक के माल की माँग करके भारतीय रेलों ने ही उसे फिर बचाया था।[1] ब्रिटिश पूँजीवाद के इस संक्षिप्त दिग्दर्शन से हम इस नतीजे पर आते हैं कि पूँजीवाद और साम्राज्यवाद के आरम्भ और विकास एक साथ हुए। स्वयं अपने साम्राज्यवादी विस्तार अथवा आस्ट्रिया, ब्रिटेन और फ्रांस के साम्राज्यवादी विस्तार में भाग लेते हुए, जर्मन पूँजीवाद का विकास भी इसी प्रकार हुआ।[2]

ऊपर से देखने पर मालूम पड़ता है कि अमरीकी पूँजीवाद का विकास भिन्न रीति से हुआ है। परन्तु वास्तव में अमरीका में भी पूँजीवादी विकास को ऐसे ही साम्राज्यवादी स्रोत की आवश्यकता पड़ी और उसने भी उन्हीं तत्त्वों का प्रयोग किया, जिनका ब्रिटेन ने किया था। ब्रिटेन ने पूँजीवादी विकास के लिए भारत जैसे घने बसे हुए देशों का उपयोग किया। इन दो

1. 1939 के महायुद्ध के चलते रहने पर भी बयालीस करोड़ रुपयों के इंजनों की माँग की जा चुकी थी और ऐसा था कि अगर कोई गड़बड़ी नहीं होती तो और भी माँग की जाएगी।
2. हैम्बर्ग जैसे नगर, ईस्ट इंडिया कम्पनी या क्राफ्ट और गिल्ड्स की व्यापारिक कार्यवाहियाँ पूँजीवाद के पूर्व की हैं। मार्क्सवादी इस बात पर जोर देते हैं, और ठीक भी है कि पूँजीवाद तथा उससे कुछ मिलते-जुलते शोषण के अन्य रूपों के अन्तर को भुलाना नहीं चाहिए। जर्मन पूँजीवाद लगभग उन्नीसवीं शदी के मध्य कस्टम यूनियन और लिस्टियन अर्थशास्त्र के साथ शुरू हुआ, जिसके अनुसार स्वतंत्र व्यापार तभी हो सकता है, जब असमानता की ऐतिहासिक स्थिति दुनिया में खत्म हो जाए। (यूरोपवासी जर्मन या अंग्रेजों के लिए पश्चिमी यूरोप ही दुनिया है।)—बिस्मार्क द्वारा जर्मनी के एकीकरण के बाद ही जर्मन पूँजीवाद सही रूप में सामने आया।

तत्त्वों—क्षेत्र और जनसंख्या का प्रयोग अमरीकी पूँजीवाद ने किया। भूमि नई और फैली हुई थी, तथा जनसंख्या यूरोप से आई थी। यह प्रादेशिक फैलाव उन्नीसवीं सदी के अधिकांश भाग में हुआ। इसे समझने के लिए उन्नीसवीं सदी के आरम्भ और अन्त में सं. रा. अमरीका के नक्शों पर नजर डालना ही काफी होगा। सभी मध्य पश्चिमी रियासतें, खेतिहर रियासतें और पूर्वी रियासतें, जिनका क्षेत्रफल भारत से अधिक है, इसी प्रसार के परिणामस्वरूप सामने आईं।[1] इस क्षेत्र के लिए जनशक्ति का प्रश्न भी साम्राज्यवादी ढंग से हल किया गया। इस शताब्दी में यूरोप से तीन करोड़ धनहीन व्यक्ति आए और फैक्ट्रियों और फार्मों के आसपास बस गए।[2] आने वाले हर नये जत्थे के साथ, कम-से-कम एक पीढ़ी तक पुराने निवासियों का सम्बन्ध साम्राज्यवादी-औपनिवेशिक रूप वाला ही रहता, जब तक कि वे पूर्णतया अमरीकी न बन जाते। पूँजीवाद और साम्राज्यवाद साथ-साथ विससित हुए हैं, यह अमरीका के उदाहरण से स्पष्ट है। एक ही देश और एक ही राष्ट्र के भीतर, उनके संयुक्त विकास का परिणाम ब्रिटिश पूँजीवाद एवं साम्राज्यवाद के विकास से बिलकुल भिन्न है। अमरीकी पूँजीवाद ने अमरीकी साम्राज्यवाद को किस तरह परास्त किया, यह जेफरसनों, जैकसनों

1. इन क्षेत्रों के आदिवासी रेड-इंडियनों को युद्धों और छिटपुट लड़ाइयों में लगभग खत्म कर दिया गया। भूमि के एक बड़े टुकड़े के लिए, जिसे बाद में खरीद लिया गया, सं. रा. अमरीका के राष्ट्रपति ने अपने दूतों को आधुनिक रीति के हथियारों से लैस कर, दो प्रकार के आदेश देकर भेजा था कि अगर सम्भव हो तो खरीदें, अन्यथा युद्ध करके छीन लें।
2. इन धनहीनों की कहानी मार्क्स के विश्लेषण के विरुद्ध है। इंग्लैंड और फ्रांस में पूँजीवाद के सिर उठाने के पहले अधिकांश धनहीन व्यक्ति इन्हीं देशों में होते थे। लन्दन की सड़कों पर अंग्रेज पुरुषों द्वारा अंग्रेज स्त्रियाँ गायब करने और न्यूयार्क के बन्दरगाह पर 'पहली नजर में शादी' की कहानियाँ बहुत प्रचलित हैं। इंग्लैंड में पूँजीवाद के विकास ने इसका अन्त कर दिया। तब, पूँजीवाद होने के पहले जर्मनी, इटली और आयरलैंड की बारी आई। आखिर में स्लाव जातियाँ आईं। गुलामों के रूप में नीग्रो-श्रम इसके पहले की सदी में लाया गया था।

और लिंकनों की वीरता की कहानी है। किन्तु यह विजय, नई और स्वस्थ अमरीकी राष्ट्रीयता के कारण हुई अथवा प्राकृतिक साधनों की अधिकता के कारण, इसके फलस्वरूप अब भी विश्व के पैमाने पर साम्राज्यवादी औपनिवेशिक सम्बन्ध पैदा होंगे अथवा नहीं, ये प्रश्न इस लेख के विषय के अन्तर्गत नहीं आते। शायद यह कहने की जरूरत नहीं है कि जापानी पूँजीवाद, अधिकतर सरकारी आय से तेजी से बनने वाले उद्योग-धन्धों के रूप में शुरू हुआ और इस कारण साम्राज्यवाद की राह पर जाने से पहले, लगभग दो दशक तक प्रतीक्षा कर सका।

इन बहुसंख्यक सत्यों को देखते हुए, समझ में नहीं आता कि कोई साम्राज्यवाद को पूँजीवाद का आखिरी दौर कैसे कह सकता है।[1]

1. लेनिन ने इस विषय पर एक पूरी पुस्तक ही लिखी है कि साम्राज्यवाद पूँजीवाद का आखिरी दौर है। इस आश्चर्यजनक वाक्य का यही अर्थ है कि उपनिवेशों और अर्द्ध-उपनिवेशों में अधिकाधिक पूँजी लगाई गई। अगर हम साम्राज्यवाद को पूँजी लगाने तक ही सीमित रखें, तो उपनिवेशों पर पूँजीवाद ने आरम्भ से ही कारखानों में बनी चीजें लादीं और अब तक जो लाद रहा है, उसे क्या कहेंगे? वेतनों, पेंशनों और मुद्रा की चालों द्वारा जो अन्य लूटें होती हैं, उनका जिक्र तो छोड़ ही दीजिए। इसके अतिरिक्त पूँजी भी ब्रिटेन ने 1850 के लगभग ही लगानी आरम्भ कर दी थी, जबकि वह पूँजीवादी विकास का मध्य ही था। लेनिन ने उपनिवेशों में लगी हुई पूँजी की निरन्तर वृद्धि के सम्बन्ध में जो आँकड़े दिये हैं, उनका महत्त्व साधारण हिसाब-किताब से अधिक नहीं है, क्योंकि अगर उपनिवेशों में पूँजी बढ़ी है तो पूँजीवादी उत्पादन भी बढ़ा है। अधिक दिलचस्पी रखनेवाले व्यक्ति 1850-60 या 60-70 तथा 1900-10 में ब्रिटेन के कुल औद्योगिक उत्पादन, उपनिवेशों में लगाई गई पूँजी और कुल निर्यात के अनुपात की तुलना अगर प्रकाशित करें तो बहुत उपयोगी होता। अगर लेनिन इस तरह की तुलना करते तो उन्हें ज्ञात होता कि तीनों ही श्रेणियों का परिमाण तो बढ़ गया, किन्तु उनके अनुपात में कोई विशेष अन्तर नहीं आया। 'साम्राज्यवाद' शब्द के इस प्रकार गलत प्रयोग से पूँजीवाद साम्राज्यवाद के संयुक्त विकास का सत्य बहुत कुछ छिप गया और पूँजीवाद के बारे में मार्क्स के सिद्धान्तों में स्पष्टता व सफाई आने के बजाय और गड़बड़ी हो गई। रूसी होने की वजह से लेनिन पर शायद इस बात का प्रभाव था कि उनका राष्ट्र पश्चिमी राष्ट्रों की पूँजी लगने पर ही, पश्चिमी पूँजीवाद के सम्पर्क में आया। वे हिल्फरडिंग द्वारा प्रयुक्त शब्द, 'वित्तपूँजी' (Finance-copila) को भी शायद एक चतुर मोड़ देना चाह रहे हों। →

साम्राज्यवाद न केवल पूँजीवाद के पहली दौर में प्रकट ही होता है, वरन् उसके साथ विकसित भी होता है। हम कह सकते हैं कि जन्म से पहले ही पूँजीवाद कोई बाहरी शक्ति-स्रोत ढूँढ़ता है और अपनी अपरिमित भूख में एक के बाद एक देश को हजम करता जाता है। पहले बंगाल, फिर अमरीका, तब सारा भारत, फिर चीन और मिस्र, फिर दक्षिणी अमरीका और मलाया, जावा, बर्मा और अफ्रीका का विशाल महाद्वीप, इस प्रकार विश्व की सीमाएँ समाप्त हो गईं। कोई एक शक्ति-स्रोत पूँजीवाद के लिए अधिक देर तक नहीं चलता। शीघ्र ही वह सूख जाता है, लेकिन पूँजीवाद जिस जादू-भरी चतुराई से पुराने शक्ति-स्रोतों का प्रयोग नयों को जीतने के लिए करता है, उसका क्रम चलता जाता है। जैसे, बंगाल का प्रयोग संयुक्त प्रान्त को जीतने के लिए, भारत का चीन और बर्मा को। पुराने उपनिवेश, न केवल उत्पादन के लिए अतिरिक्त धन देते हैं, वरन् जन-शक्ति भी देते हैं। उदाहरण के लिए मलाया में चीनी और भारतीय; पूर्वी अफ्रीका, फिजी और ट्रिनिडाड जैसे दूर देशों में भारतीय। अगर विश्व, संघर्ष की गर्मी और द्वेष को छोड़कर, पूँजीवाद और उसके विकास के युग उन्नीसवीं सदी की ओर और उसके बाद के दिनों की ओर मुड़कर कभी देख सका, तो इतिहास के सबसे चतुर दुष्ट की क्रूरता और अनैतिकता पर महान आश्चर्य होगा।

लेकिन अब विश्व की सीमाएँ समाप्त हो गई हैं। कभी न मिटने वाली प्रसार की भूख के सामने, अब एक दीवाल खड़ी हो गई है। अपने प्रसार

→आश्चर्य की बात यह है कि भारतीय सोशलिस्ट भी बेहिचक इस वाक्य को दुहरा रहे हैं। लेनिन और ये शायद यही कहना चाहते हैं कि पूँजीवाद ने सारे विश्व को ही अपने जाल में फँसा लिया है और इसलिए या तो वह युद्ध करे या मर जाए, अथवा उपनिवेशों के और गहन शोषण के द्वारा नई शक्ति प्राप्त करे। यह भी सम्भव है कि मार्क्सवादी वर्णन के अनुरूप हर देश में 'सर्वहारा वर्ग' खोजने की अपनी चेष्टा में, उन्होंने 'साम्राज्यवाद को साम्राज्यवाद द्वारा बड़ी पूँजी लगाने' से मिला देने की चेष्टा की।

की आवश्यकता और सीमित विश्व के इस विरोध की समस्या का हल पूँजीवाद कैसे करेगा? कर सकेगा भी कि नहीं? लेकिन यह उसके हाल के विकास और भविष्य का प्रश्न है, जिस पर हम उचित स्थान पर विचार करेंगे। हम इस बीच, इतिहास में पूँजीवाद के विकास के एक और पहलू पर नजर डालें जिसका इस विरोध से बहुत नजदीकी रिश्ता है। अठारहवीं और उन्नीसवीं सदी के लगभग पचास सालों तक दुनिया में केवल ब्रिटेन का ही एक पूँजीवाद था। उसने सारी दुनिया में, युद्ध में अपनी शक्ति और शान्ति में अपने धन के आधिक्य का प्रदर्शन किया। यह चचेरे-ममेरे भाइयों के जन्म में सहायता देने को भी प्रस्तुत था।[1] इस शताब्दी के पहले दशक तक, ब्रिटेन के अलावा, इस तरह के चार पूँजीवादों का जन्म हो चुका था—जर्मन, अमरीका, जापानी और फ्रांसीसी। पूँजीवाद की इस वृद्धि ने पूँजीवादी-प्रसार और सीमित विश्व के संघर्ष को और भी तीव्र कर दिया। इस प्रकार हम एक ऐसे युग में रह रहे हैं, जो साम्राज्यवादी युद्धों का युग कहलाता है और जिसे अधिक औचित्य के साथ पूँजीवाद युद्ध का युग भी कहा जा सकता है। क्या पूँजीवाद नये पूँजीवादों के जन्म को रोक सकता है? क्या वह कुछ वर्तमान पूँजीवादों को दबा सकता है? क्या सड़न के

1. उपनिवेशों के साथ कितना भी अधिक व्यापार हो और उनमें कितनी भी पूँजी लगी हो, पूँजीवाद के लिए बोझ साबित हुए। अगर ऐसा न होता तो जापान, जर्मनी या अमरीका से पहले ही भारत में पूँजीवाद विकसित हो जाता। पूँजीवाद मशीन बनाने की मशीनें अपने भाई-पूँजीवादों को ही बेचता है, यानी ऐसे स्वतंत्र देशों को बेचता है जिनमें पूँजीवाद विकास की शक्तियाँ हैं। जैसे, उसमें जाति-चेतना हो और वह कुजातिवालों को न चाहता हो। ये भाई बारी-बारी से हिस्सेदार और शत्रु बनते हैं, यह दुर्भाग्यपूर्ण है। लेकिन फिर भी यह बहुत से ऐसे बच्चे पैदा करने से अच्छा है, जो आगे वयस्क हों और हिस्सेदारी का दावा करें। लेकिन इससे बहुत-से और सवाल पैदा हो जाते हैं। क्या यह सम्भव है कि कोई नई अर्थव्यवस्था, जो युद्ध और सम्पत्ति-संग्रह में अपनी श्रेष्ठता प्रमाणित कर दे, अपने जैसे और भाई पैदा करे? क्या यह सम्भव है कि किसी दौर में पिछड़ा हुआ देश भी इस प्रकार की व्यवस्था बनाना चाहे? क्या यह सम्भव है कि विरोधी व्यवस्थाएँ, अपने में एक-दूसरे की विशेषताएँ लाने की चेष्टा करें, उदाहरण के लिए पूँजीवाद और समाजवाद।

जरिये यह सम्भव है कि विश्व समाजवादी बनने के बजाय पूँजीवाद ही बना रहे? ये भविष्य के विकास से सम्बन्धित कुछ कठिन प्रश्न हैं। इस समय हम अपनी जाँच के नतीजों के आधार पर पूँजीवादी विकास के एक सही सिद्धान्त को निर्मित करें। हमने पूँजीवाद और साम्राज्यवाद का संयुक्त विकास देखा। अन्त में हमने देखा कि क्षेत्रीय दृष्टि से सीमित साम्राज्यवाद से पूँजीवादों की संख्या बढ़ती गई है।

क्या साम्राज्यवाद के बिना भी पूँजीवाद सम्भव है? इस प्रश्न का उत्तर संक्षेप में देने के पहले यह समझ लेना जरूरी है, कि इतिहास में अब तक साम्राज्यवाद के बिना पूँजीवाद नहीं पनपा है? और इस कारण, यह प्रश्न भविष्य से सम्बन्धित है, जिसका उत्तर भविष्यवाणी जैसा ही हो सकता है। सिद्धान्ततः स्पष्ट रूप से केवल आन्तरिक शक्ति पर निर्भर पूँजीवाद की सम्भावना किसी बड़ी जनसंख्या वाले बड़े देशों में नहीं है। ऐसा होने पर, उसे पूँजीवाद और साम्राज्यवाद दोनों के बोझ उठाने होंगे। इन बोझों से वह टूट जाएगा। इतना तो निश्चय है, कि इससे बड़े पैमाने पर गरीबी फैलेगी, जिसका अनुभव पहले कभी नहीं हुआ।

अब हम पूँजीवादी विकास के सिद्धान्त को पुनः निर्मित करें। मार्क्स ने आरम्भ में ही यह गलती की कि उसने पूँजीवाद को उसके साम्राज्यवादी प्रसंग से अलग करके देखा। मार्क्स साम्राज्यवादी शोषण से अनभिज्ञ नहीं थे और उनके अनुयायी लेनिन ने उसे और भी अधिक तीव्रता से महसूस किया, लेकिन उनकी दृष्टि में साम्राज्यवाद, एक बाद की चीज थी, एक गन्दा अतिरिक्तांग था और इस कारण उन्होंने केवल औपनिवेशिक जातियों के प्रति एक साधारण सहानुभूति दिखाई, जिसमें अधिक गहराई की छान-बीन नहीं थी। अतः मार्क्सवाद पूँजीवादी विकास की तर्कोचित पूरी व्याख्या प्रस्तुत नहीं कर सका। उसके पूँजीवाद की तसवीर पश्चिमी यूरोप की तसवीर है, जिसमें अमरीकी और जापानी पूँजीवाद बाद में जुड़ गए। वह

बाकी दुनिया से अलग अपने-आप में ही विकसित हुआ है। पूँजीवाद की सारी गत्यात्मक शक्तियाँ उसके आन्तरिक ढाँचे में, श्रम-शक्ति के मूल्य और उसकी उपयोगिता में और एक ही ढाँचे के भीतर सर्वहारा वर्ग और पूँजीपति वर्ग के संघर्ष में रखी गई हैं। मार्क्स का पूँजीवाद एक स्वतःचालित पश्चिमी यूरोप के घेरे का पूँजीवाद है, जिसका बाहरी दुनिया पर प्रभाव तो निश्चय ही बहुत अधिक पड़ता है, किन्तु जिसकी गति के सिद्धान्त और नियम पूर्णतः आन्तरिक हैं। मार्क्सवाद आज दिन तक इसी तसवीर के साथ बँधा हुआ है। बाह्य प्रतिक्रियाओं के सम्बन्ध में सिद्धान्त तो निश्चय ही बनाता है, किन्तु पूँजी की बाह्य और आन्तरिक गति के आपसी सम्बन्धों के बुनियादी सिद्धान्त को प्रकट करने में पूर्णतः असमर्थ है। इस मार्क्सवादी असत्य चित्र को समाजवाद को सदा के लिए नष्ट करना। इसके स्थान पर दो घेरों का एक चित्र एक-दूसरे के अन्दर बनाना होगा, जिसके अन्दर का घेरा स्वतंत्र पूँजीवादी ढाँचे का प्रतिनिधित्व करे, जिसे पूँजीवादी लाभ और यंत्रीकृत श्रम के विरोध से गति मिलती हो और बाहरी घेरा बाकी दुनिया के औपनिवेशिक अर्थतंत्र का प्रतिनिधित्व करे, जिसकी गति, साम्राज्यवादी शोषण और औपनिवेशिक श्रम में है। अन्दर के घेरे में बाहरी घेरे से गत्यात्मक शक्ति को खींच लेने की विशाल शक्ति है। यही तरीका है, जिससे हम पूँजी-श्रम की गत्यात्मक शक्ति को साम्राज्य-उपनिवेश की गत्यात्मक शक्ति से मिलाकर पूँजीवाद के विकास को ठीक-ठीक समझ सकते हैं।[1]

---

1. कुछ लोग यहाँ कहेंगे कि पूँजीवाद के मार्क्सवादी अध्ययन में दोनों प्रकार की गत्यात्मक शक्तियाँ वर्तमान हैं। इससे कोई इनकार नहीं करता। प्रश्न यह है कि क्या दोनों शक्तियाँ इस प्रकार एक-दूसरे से जुड़ी हैं और उनकी इस सम्बद्धता के नियम इस प्रकार ज्ञात हैं, कि उससे विश्व-स्थिति को सही-सही समझा जा सके? समाजवाद को इसी सम्बद्धता का अध्ययन करना है। उस प्रकार की बुद्धि के लिए, जो स्थूल मूल्यांकन से ही सन्तुष्ट होती है, मैं यहाँ कह दूँ कि सभी यूरोपियनों में कार्ल मार्क्स यूरोपीय इतिहास के सबसे बड़े अर्थशास्त्री हैं। किन्तु हम सन्तुष्ट नहीं हो सकते, क्योंकि हमें विश्व इतिहास के अर्थशास्त्र की आवश्यकता है।

पूँजीवादी विकास का उपर्युक्त सिद्धान्त, श्रम-मूल्य और उसकी उपयोगिता-मूल्य के अन्तर और उससे उत्पन्न होने वाले अतिरिक्त मूल्य से आरम्भ होता है। अतिरिक्त मूल्य के द्वारा ही फिर पूँजीवादी विकास के अन्य नियम भी प्रकट होते हैं। श्रम के मूल्य और उसकी उपयोगिता दोनों को फिर से देखना है। यद्यपि मार्क्स ने श्रम को एक भाव पदार्थ (Abstract) माना है, किन्तु यथार्थ में वह ऐसा नहीं है। आदर्शवादी विचारों से अपने सारे विरोध के बावजूद, साम्यवादी श्रम को एक आदर्श, भावात्मक, अव्यक्त पदार्थ मानते रहे हैं। वस्तुत: पूँजीवाद के अन्तर्गत श्रम के दो रूप प्रकट होते हैं, जो एक-दूसरे से इतने भिन्न हैं कि उन्हें एक साथ देखने पर, कभी भी ठीक-ठीक समझा नहीं जा सकता। श्रम या तो साम्राज्यवादी रहा है, या औपनिवेशिक। और दोनों के मूल्य में बहुत बड़ा अन्तर भी रहा है। इसी अन्तर के कारण इन्हें श्रम की सामाजिक दृष्टि से प्रभावशाली आवश्यकताओं का सिद्धान्त निकालना पड़ा। किन्तु, श्रम की अनिवार्य आवश्यकताओं के सम्बन्ध में अपने बुनियादी विचार के कारण ही, वह नये और सही विचारों को अच्छी तरह नहीं समझ सका। श्रम की अनिवार्य आवश्यकताएँ नहीं होतीं। कम-से-कम, अकाल के समय के अतिरिक्त, उसकी कोई आर्थिक-सार्थकता नहीं होती। मानवी श्रम ने जीवित रहकर, काम करने की बहुत बड़ी शक्ति दिखाई है और औपनिवेशिक श्रम के दो आने प्रति दिन से साम्राज्यवादी श्रम के चार रुपये प्रति दिन तक उसकी आवश्यकताएँ रही हैं। इससे प्रकट होता है कि श्रम की आवश्यकताएँ शरीर अथवा प्रकृति द्वारा निर्धारित न होकर, इतिहास द्वारा निर्धारित होती हैं।

विश्व के विभिन्न देशों में धन के वर्तमान वितरण को विश्वविद्यालयों के अर्थशास्त्रियों ने समझने की चेष्टा की है और कुछ विचारों की सहायता से अपनी राय भी कायम की है। यहाँ हम कुछ मुख्य विचारों का अध्ययन करेंगे।

(क) श्रम की अनिवार्य आवश्यकताएँ

माना जाता है कि हर देश में श्रम की आवश्यकताएँ भिन्न-भिन्न हैं। इंग्लैंड और जर्मनी जैसे ठंडी जलवायु वाले देश के बारे में लोग कहते हैं कि वहाँ अच्छे खाने, अच्छे मकान, अधिक वस्त्र आदि की आवश्यकता, गरम जलवायु वाले देश अफ्रीका या भारत की अपेक्षा अधिक होती है। यह भी मान लिया जाता है कि इन अधिक आवश्यकताओं के फलस्वरूप, ठंडे जलवायु में श्रम की उत्पादन-शक्ति भी अधिक होती है। इस प्रकार ठंडे जलवायु में अधिक आवश्यकता और अधिक उत्पादन-शक्ति के सिद्धान्त पर चल पड़े हैं। यह सिद्धान्त पूरी तौर पर गलत है। कोई कारण नहीं है कि जर्मनी का आदमी तिब्बत-निवासियों के भोजन से काम न चला सके और अपनी पीठ पर अँगीठी रखकर न चले या लाख के एक कोट में सारी जिन्दगी न बिताए। इसी प्रकार इसका भी कोई कारण नहीं है कि सूर्य की तपन से बचने के लिए बिजली के पंखों, एयर-कंडीशनिंग, फलों के रस और अन्य पौष्टिक भोजन के बगैर ही एक भारतीय कार्य कर सकता है। अगर जलवायु का कोई प्रभाव है, तो ठंडी जलवायु में आग और गर्मी पहुँचाने के अन्य साधनों के मुकाबले, गर्म जलवायु में बिजली के पंखे और एयर कंडीशनिंग हैं, मांस और शराब के मुकाबले में दूध और फल का भोजन है। इस प्रकार यह औचित्य के साथ कहा जा सकता है कि श्रम की आवश्यकताएँ गर्म जलवायु में ठंडे जलवायु की अपेक्षा अधिक होती हैं, किन्तु ऐसा कहने के लिए ठंडे जलवायु की अपेक्षा गर्म जलवायु में अधिक राजनीतिक शक्ति की आवश्यकता होगी। सचमुच ऐसा समय भी था, जब यूरोपीय व्यक्ति एक ही एस्किमो-कोट में और अधिक सुविधाओं के बिना भी रहते थे। अतः यह स्पष्ट है कि श्रम की कोई अनिवार्य आवश्यकता नहीं है। यह आवश्यकता किसी देश

की राजनीतिक शक्ति द्वारा निर्धारित होती है। भारतीय किसान के लिए आज खुले मैदान में सोना स्वाभाविक माना जाता है, किन्तु, शायद भिन्न राजनीतिक जलवायु में उसके श्रम के लिए बिजली से प्रकाशित और स्वास्थ्यवर्द्धक पक्का मकान भी उतना ही स्वाभाविक माना जाए, जितना कि खुले मैदान का सोना। अब हम इस प्रश्न पर आते हैं कि श्रम क्या उत्पन्न करता है?

(ख) श्रम की उत्पादन-शक्ति

ठंडे जलवायु में श्रम की उत्पादन-शक्ति जलवायु के कारण ही अधिक होती है, यह सिद्धान्त इतना साफ झूठ है कि उसे छोड़ दिया गया है। अब उस पर भिन्न आवरण डाल दिये गए हैं। औपनिवेशिक श्रम भी निम्न उत्पादन-शक्ति का कारण, उचित भोजन, शिक्षण या कुशलता की कमी बताया जाता है। भारतीय अर्थशास्त्री और व्यापारी खुलेआम इन विचारों का प्रयोग करते हैं। इस प्रकार जब भारत में इस्पात के कारखाने के मजदूर की कम उत्पादन-शक्ति की तुलना अंग्रेज मजदूर की अधिक उत्पादन-शक्ति से की जाती है, तो इसका कारण भारतीय मजदूर का निम्न कोटि का भोजन और शिक्षण की कमी ही बतलाया जाता है। इस प्रकार हमारे पूँजीपति और अर्थशास्त्री अपनी लज्जा और बेइज्जती को छिपाने की चेष्टा करते हैं। पश्चिमी यूरोप के अर्थतंत्र के लिए, कार्ल मार्क्स ने निर्णयात्मक रीति से इसे प्रमाणित कर दिया था कि कुशल और अकुशल मजदूरों का अन्तर बिलकुल अस्थायी है। जो आज कुशल है, कल वही अकुशल हो सकता है, तथा जो श्रम आज बिलकुल सस्ता मिल जाता है, कल उसी के लिए अच्छी मजदूरी की आवश्यकता हो सकती है। हम अपने रिक्शे वालों को ही देखें। इससे ज्यादा श्रम लगने वाला और कुशलता की आवश्यकता वाला श्रम बहुत कम है।

इसी प्रकार अगर भारतीय धातु-मजदूर और अंग्रेज धातु-मजदूर के श्रम को नापने का कोई तरीका हो, तो यही ज्ञात होगा कि भारतीय मजदूर श्रम नहीं करता। आर्थिक सत्य यह है कि भारतीय मजदूर या किसान को उतना ही नहीं, बल्कि उससे भी अधिक श्रम करना पड़ता है, जितना कि बेहतर भोजन पाने वाले ब्रिटिश मजदूर को करना पड़ता है। फिर क्या यूरोपीय श्रम की अधिक कुशलता ही इसका कारण है? हम रिक्शा वालों का जिक्र पहले ही कर चुके हैं, जिससे अधिक कुशलता की आवश्यकता इस्पात उद्योग के किसी काम में भी नहीं होती है। भारत में मोटर या बस चलाने वाला यूरोप के मोटर या बस चलाने वाले से कम कुशल नहीं होता। शायद यहाँ तात्पर्य केवल किसी खास मशीन को चलाने की कुशलता से है, जिसका अर्थ यह नहीं है कि एक प्रकार की कुशलता दूसरे प्रकार की कुशलता से श्रेष्ठ होती है। यहाँ यह भी साबित करना कठिन है कि वही कार्य करने वाले भारतीय मजदूर से अंग्रेज मजदूर किस प्रकार भिन्न हैं। यह सम्भव है कि खास किस्म की मशीन की आदत पड़ जाने से कुछ सुविधा होती है, और इस कारण पहले से काम करने वाले मजदूर को कुछ अस्थायी लाभ होता है। किन्तु शीघ्र ही स्थिति समान हो जाती है। अतः हमारे उद्योग-धन्धों में खराब भोजन और अकुशलता के कारण, श्रम उत्पादन करने वाला मजदूर, अन्यत्र के मजदूरों के बराबर ही शारीरिक शक्ति और कुशलता का योग करता है। फिर भारतीय पूँजीपति क्या केवल अपनी अयोग्यता का बोझ ही हमारे मजदूरों पर लादने की चेष्टा करते हैं?

(ग) पूँजीवादी उद्योग

किताबी अर्थशास्त्र के अनुसार उत्पादन के तीन अंगों—भूमि, श्रम, पूँजी की सबसे अधिक लाभदायक अनुपात में मिलने की योग्यता, खतरा उठाने और

उद्योग के नये-नये क्षेत्रों में विज्ञान को युक्त करने की इच्छा, उद्योगपति की कुशलता के अंग मानी जाती है। इस सवाल के अतिरिक्त, कि पाठशाला के शिक्षक की जैसी कुशलता की अपेक्षा, इस कुशलता को अधिक लाभ क्यों हो, यह कहना निरर्थक है कि अधिक महत्त्वपूर्ण देशों में उद्योगपतियों की कुशलता बढ़िया या घटिया किस्म की है। भारतीय पूँजीपति अपने कारखानों का स्थान चुनने में और क्रय-विक्रय में उतने ही कुशल हैं, जितने यूरोपीय पूँजीपति। वे तो श्रम का उपयोग करने में अधिक चतुर हैं। सट्टेबाजी की साहसिकता से प्रकट है, कि वे बड़े-बड़े खतरे भी उठा सकते हैं। एक देश के आन्तरिक अर्थतंत्र में उद्योगपति की कुशलता का जो भी महत्त्व हो, दो महत्त्वपूर्ण देशों के सम्बन्ध में इसका कोई महत्त्व नहीं है। महत्त्व की बात किसी देश का पूर्ण आर्थिक ढाँचा है, जो स्वभावत: उसकी राजनीति पर निर्भर रहता है। यही कारण है कि व्यापारिक सट्टेबाजी में भारतीय पूँजीपति बहुत बड़ा खतरा तो उठाता है, किन्तु उद्योग और विज्ञान के नये प्रयोग करने में पूर्णत: असमर्थ होता है। औद्योगिक खतरों में वह कछुए की तरह कायर होता है, शायद इसीलिए कि वह जानता है कि अगर उसने सिर निकाला तो वह कट जाएगा। हमारी निम्न उत्पादन-शक्ति का कारण श्रम की न्यून उत्पादन-शक्ति, न्यून आवश्यकता या उद्योगपति की अकुशलता में न देखकर औपनिवेशिक आर्थिक ढाँचे में देखना चाहिए।

(घ) राष्ट्रीय साधन

किताबी अर्थशास्त्र में जिसे 'श्रम का भौगोलिक विभाजन' कहा जाता है, उसे समझाने और उसका औचित्य सिद्ध करने के लिए विभिन्न देशों के प्राकृतिक साधनों का जिक्र किया जाता है। उदाहरण के लिए, लंकाशायर के वातावरण में नमी है, अत: कहा जाता है कि महाराष्ट्र की कपास उत्पन्न

करने वाली काली मिट्टी के साथ मैनचेस्टर के वस्त्र-उद्योग का सम्बन्ध ऐसा है, जिससे दोनों को ही लाभ होता है। भारतीय सूती मिलों में नकली छिड़काव के प्रयोग ने इस सम्बन्ध को पूर्णतः नष्ट कर दिया है, क्योंकि दोनों ओर के यातायात के खर्च से इस छिड़काव का खर्च बहुत ही कम होता है। इसका अर्थ यह नहीं कि प्राकृतिक साधनों की भिन्नता का कोई महत्त्व नहीं। आंशिक रूप में इन्हीं साधनों के कारण संयुक्त राज्य अमरीका की स्थिति विश्व में इतनी महत्त्वपूर्ण है। विश्व के एक-चौथाई साधन उसके पास हैं, जबकि उसकी जनसंख्या, विश्व की केवल 6 प्रतिशत ही है। यहाँ भी बड़ी सावधानी की आवश्यकता है। वैज्ञानिक आविष्कारों के द्वारा प्राकृतिक साधनों के अन्तर को लगभग समाप्त किया जा सकता है। किसी देश के वर्तमान साधनों का अनुमान कोयला, लोहा, पेट्रोल और जल-शक्ति आदि के आधार पर लगाया जाता है, जिसका महत्त्व इस समय भी बहुत अधिक है। किन्तु यह विश्वास किया जा सकता है कि विज्ञान कोयले से पेट्रोल और लकड़ी से चीनी बना लेगा और अगर इन उद्योगों को विश्व के दृष्टिकोण से अपव्यय समझा जाए, तो भी प्लास्टिक और विद्युत सम्बन्धी महत्त्वपूर्ण नये आविष्कार ऐसे हैं, जो बिलकुल नये उद्योगों की सम्भावना प्रकट करते हैं। औद्योगीकृत देशों में लोहा और इस्पात के मजबूती से जमे हुए स्वार्थ प्लास्टिक उद्योग के विकास को असम्भव बना सकते हैं, जबकि कोई ऐसा देश, जिसमें लोहा कम हो, इस उद्योग का विकास करके बहुत बड़ा लाभ उठा सकता है। वैज्ञानिक आविष्कार इस प्रकार—प्राकृतिक साधनों में वृद्धि कर विभिन्न देशों के विभेद मिटा सकता है। निस्सन्देह विज्ञान को अब की अपेक्षा अधिक सावधान, जीवित और अलग देशों में वैभिन्त्र्य के लिए योग्य होना पड़ेगा। अब तक जिन दिशाओं में प्रगति हुई है, अन्धा होकर उन्हीं में चलने से लाभ नहीं। इस प्रकार प्राकृतिक साधनों के अन्तर को मिटाया जा सकता है और कोई देश, जो इस समय गरीब है, अन्य देशों

का नेतृत्व भी, चाहे कितने ही अल्प समय के लिए, कर सकता है। सचमुच लाभदायक विश्व-व्यापार चल सके और श्रम के भौगोलिक विभाजन का सही ज्ञान प्राप्त हो सके, इसके लिए विश्व के विभिन्न भागों में विज्ञान को खुला क्षेत्र मिलना चाहिए और उसकी सम्भावनाओं का सूझ-बूझ के साथ मानवी उपयोग करना चाहिए। जब तक ऐसा नहीं किया जाता, तब तक प्राकृतिक साधनों के सम्बन्ध में किताबी शिक्षा को सन्देह की दृष्टि से ही देखना पड़ेगा और उसे श्रम के भौगोलिक विभाजन, अर्थात एक ओर साम्राज्यवादी ढाँचे और दूसरी ओर औपनिवेशिक ढाँचे का औचित्य सिद्ध करने का एक प्रयत्न ही समझा जाएगा।

हमने यह देखा है कि एक देश से दूसरे देश की तुलना करने पर आवश्यकताएँ, श्रम की अनिवार्य उत्पादन-शक्ति, पूँजीवादी कौशल और प्राकृतिक साधन के विचार या तो निरर्थक होते हैं या सत्य का ज्ञान प्राप्त करने में हानिकारक। वर्तमान विश्व अर्थतंत्र और पिछली दो शताब्दियों में उसके इतिहास को सही-सही समझने के लिए 'श्रम की राजनीतिक दृष्टि से अनिवार्य आवश्यकता', 'पूरे आर्थिक ढाँचे की उत्पादन-शक्ति' और 'श्रम के साम्राज्यवादी-औपनिवेशिक विभाजन' के विचारों की आवश्यकता है।

हम लोग अब तक जिसे अर्थशास्त्र के विज्ञान के रूप में जानते रहे हैं, वह केवल हिसाब-किताब, औद्योगिक प्रबन्ध, व्यापार और बैंकिंग का नियम है। अर्थशास्त्र के विज्ञान को अभी प्रौढ़ होना है। अर्थशास्त्र द्वारा आँकड़ों के दयनीय प्रयोग से भी यही प्रकट होता है।

विभिन्न देशों के कुल वार्षिक उत्पादन, उनकी राष्ट्रीय आय, विदेशी व्यापार, पूँजी लगाने की मात्रा आदि के सम्बन्ध में बहुत से आँकड़े उपलब्ध हैं। अर्थशास्त्र उनसे क्या करता है? वह केवल छिछले अनुपात स्थापित करके ही रुक जाता है। उदाहरण के लिए, हम जानते हैं कि औसत वर्ष में ब्रिटेन के उत्पादन का बीस प्रतिशत निर्यात-व्यापार में लगता है और लगभग

तीन प्रतिशत भारत आता है। पूँजी से मिलने वाला कुल लाभ और भारत से जाने वाले होम-चार्जेज मिलकर ब्रिटेन की राष्ट्रीय आय का अधिक-से-अधिक पाँच प्रतिशत भारत से जाता है। अर्थशास्त्रियों के इन हिसाबों से श्री चर्चिल जैसे राजनीतिज्ञ सत्य के अधिक निकट हैं, जब वे ब्रिटेन की राष्ट्रीय आय को भारत की देन पन्द्रह से बीस प्रतिशत तक बताते हैं। शायद यह और भी अधिक है। क्योंकि, श्री चर्चिल जानते हैं कि आर्थिक मूल्य को धन में व्यक्त करने पर नीचे-नीचे चलने वाली गत्यात्मक शक्ति छिप जाती है और एक स्थान पर शक्ति समाप्त होने से अन्य स्थानों में भी हानि होती है।

हम भारत के वैदेशिक व्यापार का मूल्यांकन उसी प्रकार करें, जिस प्रकार अर्थशास्त्र के विज्ञान को करना चाहिए। हम देखेंगे कि औसत वर्ष में हमारे खेतों और कारखानों में लगे हुए 5,000 करोड़ श्रम-घंटों का विनिमय ब्रिटिश कारखानों में लगे हुए 250 करोड़ श्रम-घंटों के साथ किया जाता है। जर्मन और जापानी कारखाने भी अपना हिस्सा पाते हैं। ये हिसाब आसानी से लगाए जा सकते हैं। अगर हमारे औसत वर्ष के अनुमानित 2,000 करोड़ रु. के उत्पादन में से 100 करोड़ रु. की खेतिहर वस्तुएँ निर्यात व्यापार में जाती हैं, तो हमारी जनसंख्या का बीसवाँ भाग, अर्थात दो करोड़ व्यक्ति उसके उत्पादन में लगते हैं। पूरी तुलना के लिए हमने काम करने वाली जनसंख्या के बजाय, कुल जनसंख्या को शामिल किया है। प्रति व्यक्ति प्रति वर्ष 2,500 श्रम-घंटे के हिसाब से निर्यात की गई खेतिहर पैदावार में 5,000 करोड़ श्रम-घंटे लगे। इसी प्रकार औसत वर्ष में 4,000 करोड़ रुपये के ब्रिटिश उत्पादन में 100 करोड़ रुपये की वस्तुएँ निर्यात व्यापार में जाती हैं। इस प्रकार ब्रिटिश जनसंख्या का चालीसवाँ भाग, अर्थात 10 लाख व्यक्ति उसके उत्पादन में लगते हैं। भारत में आयात की गई ऐसी औद्योगिक वस्तुओं के उत्पादन में 250 करोड़ श्रम-घंटे लगते हैं। यही वह सच्ची कहानी है, जिससे भारत के वैदेशिक व्यापार सम्बन्धी आँकड़े प्रकट

करने में लोग शरमाते हैं, कि दो करोड़ व्यक्तियों के श्रम का विनिमय 10 लाख व्यक्तियों के श्रम से और 5,000 करोड़ श्रम-घंटों का विनिमय 250 करोड़ श्रम-घंटों से होता है। इस अजीबोगरीब विनिमय को समझाने के लिए श्रम की उत्पादन-शक्ति या प्राकृतिक साधन के गलत सिद्धान्त काम नहीं आ सकते। श्रम के साम्राज्यवादी औपनिवेशिक विभाजन और कुल आर्थिक ढाँचे की उत्पादन-शक्ति के द्वारा ही, इसे समझा जा सकता है। इसके पीछे, पीढ़ियों से भारत, चीन, जावा, मलाया, अफ्रीका और दक्षिणी अफ्रीका के किसानों तथा मजदूरों की बचाई हुई मेहनत है, जो निरन्तर बदलकर इंग्लैंड, जर्मनी और जापान की मशीनों में परिवर्तित होती रही है।

अब सवाल है कि इन दो तरह के अतिरिक्त मूल्यों को अलग कैसे किया जाए? एक, जो पूँजीवाद अपने कारखानों के मजदूरों से पाता है और दूसरा, जो औपनिवेशिक श्रम से पाया जाता है। इतना अधिक विस्तृत इतिहास और इतनी अधिक निरन्तर बदली हुई गत्यात्मक शक्ति इस प्रश्न के साथ सम्बन्धित है कि कोई सन्तोषजनक समाधान निकालना बहुत कठिन प्रतीत होता है। लेकिन, अगर हम इस बात को याद रखें कि मजदूर शारीरिक शक्ति और कौशल का प्रयोग समस्त विश्व में समान रूप से ही करते हैं और वैज्ञानिक सुविधा में समानता होने पर उनका उत्पादन भी एक ही समान होगा, तो इतनी विशाल मात्रा में अतिरिक्त मूल्य के निर्माण को एक सरल समाधान से क्या समझा नहीं जा सकता? वास्तव में, समान मूल्यों के विनिमय में विश्वास करने वाले विश्वविद्यालयों के अर्थशास्त्रियों को यह समाधान स्वीकार करने में कोई दिक्कत नहीं होनी चाहिए। हम एक वर्ष में विश्व के सारे उत्पादन को किसी एक मुद्रा में परिवर्तित करें। इसका ध्यान रखना चाहिए, कि बाह्य मूल्यों को नहीं, बल्कि असली मूल्यों को परिवर्तित किया जाए। तब हम इस उत्पादन को दुनिया की काम करने वाली जनसंख्या में बराबर बाँट दें। आगे दिये हुए मोटे हिसाब

में विश्व की सारी जनसंख्या को शामिल कर लिया गया है। हमारी अपनी मुद्रा में यह रकम लगभग 100 रु. प्रति व्यक्ति प्रति वर्ष आएगी। जो कोई भी स्त्री, पुरुष या बच्चा अपनी आय के रूप में, इससे कम पाता है, वह जितना कम पाता है, उस सीमा तक पूँजीवाद के अतिरिक्त मूल्य में अपना हिस्सा देता है। जिस व्यक्ति को इस रकम से जितना अधिक धन मिलता है वह मूल्य में से उतना ही अतिरिक्त पाता है। इससे शायद यह प्रकट हो कि औपनिवेशिक श्रम का 99 फीसदी और साम्राज्यवादी श्रम का अधिक-से-अधिक 10 फीसदी ऐसा है, जिनके शोषण से पूँजीवाद को मुनाफा मिलता है। सम्भव है, साम्राज्यवादी श्रम का दूसरा 10 प्रतिशत के लगभग का टुकड़ा सीमान्तक रेखा पर हो। अर्थशास्त्री कहलाने वाले मुनीम, शायद इस हिसाब को देखकर हिचकें। वे कहेंगे कि यह हिसाबी जादू भारत के उत्पादन को दुगुना कर देता है और इसमें एक की जगह दो दिखाई पड़ते हैं। उन्हें यह याद दिलाने की जरूरत है कि जिस एक को वे नहीं देख पाते, वह पीढ़ियों से भारत की सीमाएँ पार कर, पश्चिमी यूरोप और जापान के कारखानों के उत्पादन के रूप में प्रकट होता रहा है। उन्हें यह भी याद दिलाने की जरूरत है कि शारीरिक शक्ति और कौशल का व्यय सारे विश्व में एक समान ही होता है और अगर, आज उसका उत्पादन भारत, चीन या अफ्रीका में कम होता है, तो इसी कारण कि कई पीढ़ियों का उत्पादन अन्य देशों की मशीनों में जमा पड़ा है।

अब हम अतिरिक्त मूल्य की परिभाषा यहाँ दे सकते हैं। मजदूर चाहे खेतों के हों या कारखानों के, उस सीमा तक अतिरिक्त मूल्य उत्पन्न करते हैं, जहाँ तक उनकी आय अपने समय के प्रति मजदूर औसत-विश्व उत्पादन से कम हो।

ऐतिहासिक विकास ने औपनिवेशिक श्रम को मजबूर किया, कि वह भुखमरी के किनारे पर रहे। मनुष्य को जीवित रहने और प्रतिदिन कार्य

करने के लिए कितनी कम वस्तुओं की आवश्यकता पड़ती है, इस सम्बन्ध में प्रकृति ने आश्चर्यजनक लोच का प्रदर्शन किया है। इस तरह, हम श्रम के मूल्य या वेतन के दो भिन्न रूप देखते हैं, एक साम्राज्यवादी देशों में प्रचलित है और दूसरा उपनिवेशों में। साम्राज्यवादी श्रम और औपनिवेशिक श्रम तथा उनके वेतन का अन्तर अतिरिक्त मूल्य के मूलस्रोत को समझने के लिए बहुत बड़े महत्त्व के हैं। इसी प्रकार श्रम के उत्पादन एवं उसकी उपयोगिता को भी संयुक्त पूँजीवादी साम्राज्यवादी विकास के प्रसंग में ही समझा जा सकता है। पश्चिमी यूरोप के कारखानों के उत्पादन एवं उसकी उपयोगिता को भी संयुक्त पूँजीवादी साम्राज्यवादी विकास के प्रसंग में ही समझा जा सकता है। पश्चिमी यूरोप के कारखानों के उत्पादन में, उपनिवेशों की कई पीढ़ियों का संचित किया हुआ श्रम प्रकट होता है। अर्थशास्त्री, जिनमें कम्युनिस्ट भी हैं, सारे उत्पादन का श्रेय साम्राज्यवादी-श्रम को देने और एशिया व अफ्रीका की तुलना में यूरोपीय श्रम की अधिक उत्पादन-शक्ति की लम्बी-लम्बी बातें करके गलतफहमी पैदा करते हैं। साधारणत: श्रम हर जगह एक समान ही शारीरिक शक्ति और कौशल का प्रयोग करता है। जो कुछ साम्राज्यवादी श्रम के अधिक उत्पादन के रूप में प्रकट होता है, वह कई पीढ़ियों से विश्व के श्रम के साम्राज्यवादी-औपनिवेशिक विभाजन का प्रत्यक्ष फल है। हम यह कह सकते हैं, कि अरबों औपनिवेशिक मजदूरों के अदृश्य-प्रेत साम्राज्यवादी कारखानों की मशीनों को चला रहे हैं। पूँजीवादी देशों की उच्चकोटि की मशीनें और उनमें निरन्तर सुधार का कारण अधिकांश रूप में औपनिवेशिक कारखानों और खदानों में उत्पन्न अतिरिक्त मूल्य है। इन कारखानों की उत्पादन-शक्ति का निरन्तर उपयोग भी बहुत बड़ी सीमा तक करोड़ों औपनिवेशिक मजदूरों के कारण होता है, जो उनके उत्पादन को खरीदते हैं। वर्तमान उत्पादन की उलझी हुई व्यवस्था में, जिसमें इतिहास की कई उलझी नाड़ियाँ और श्रम के दो अलग-अलग मूल्य हैं, यह पुराना

सिद्धान्त, कि पूँजीवादी विकास-श्रम के वेतन और उसके उत्पादन के अन्तर्विरोध द्वारा हुआ है, निरर्थक हो गया है।

अगर पूँजीवाद ने अपने देश के मजदूरों को, उनके उत्पादन से कम वेतन देकर, अतिरिक्त मूल्य प्राप्त किया है, तो औपनिवेशिक मजदूरों से प्राप्त कहीं अधिक अतिरिक्त मूल्य भी इसके साथ जुड़ा हुआ है। इंग्लैंड और जर्मनी के अत्यधिक धनी व्यक्ति और उनका विशाल मध्यवर्ग घरेलू मजदूरों से या औपनिवेशिक मजदूरों से अतिरिक्त मूल्य पाते हैं। और वह किस अनुपात में? क्या साम्राज्यवादी मजदूर भी, कम-से-कम अधिक वेतन पाने वाले औपनिवेशिक श्रम से प्राप्त अतिरिक्त मूल्य का एक भाग नहीं पाते? इस उलझन से निकलने का एक ही मार्ग दिखाई पड़ता है। हमें हमेशा के लिए किसी देश के आर्थिक ढाँचे को एक स्वतंत्र इकाई के रूप में देखना छोड़ देना चाहिए। अत: हमें मार्क्सवादी ढंग से पूँजीवाद को एक स्वतंत्र पश्चिमी यूरोप की वस्तु के रूप समझना छोड़ देना पड़ेगा। आरम्भ से अब तक, पूँजीवाद साम्राज्यवादी प्रेरक शक्ति पर ही निर्भर रहा है। हम पूँजीवाद की आन्तरिक और बाह्य, दोनों ही शक्तियों को समझ सकें, ऐसा सिद्धान्त बनाने के लिए हमें किसी एक आर्थिक ढाँचे के अन्दर श्रम के अलग उत्पादन का विचार छोड़कर, सारे विश्व की मेहनतकश आबादी में औसत के आधार पर वितरित विश्व के कुल उत्पादन का विचार अपनाना होगा। इस प्रकार यह, श्रम की आवश्यकता और उसके उत्पादन में विरोधी न होकर, श्रम की राजनीतिक दृष्टि से प्रभावशाली आवश्यकता में और हर श्रमिक के लिए विश्व के औसत उत्पादन में होगा। श्रम की आवश्यकताओं और उसके उत्पादन के कम्युनिस्ट-आधार पर न तो अतिरिक्त-मूल्य को समझा जा सकता है, न उसका कोई हिसाब ही लगाया जा सकता है। अतिरिक्त-मूल्य, जहाँ कहीं भी जिस सीमा तक प्रकट हो, मजदूर की वास्तविक आय और प्रति मजदूर विश्व के औसत उत्पादन के अन्तर में

रहता है। इस अतिरिक्त मूल्य के इतिहास में ही पूँजीवादी विकास के नियमों को देखा जा सकता है।

अतिरिक्त मूल्य, जिसमें पूँजीवादी व्यवस्था के सारे मुनाफे और ऊँची आय बनती है, मुख्यतः औपनिवेशिक फॉर्मों, खेतों और खदानों से प्राप्त होती है। पूँजीवादी ढाँचे का आन्तरिक साम्राज्यवादी वृत्त इस प्रकार घूमता है, कि तेजी से बाहरी औपनिवेशिक वृत्त के श्रम के उत्पादन को अपने में खींच ले। पिछली दो शताब्दियों में औपनिवेशिक अर्थतंत्र की गतिविधि का चित्रमय वर्णन किया जा सकता है। एक बड़े घेरे के अन्दर चार घेरे स्पष्ट दिखाई देते हैं। सबसे बाहरी और शायद सबसे चौड़ा घेरा भूमिहीन मजदूरों का है और यहीं सबसे अधिक शोषण हुआ है। दूसरा लगभग उतना ही बड़ा समूह, किसानों, मजदूरों और छोटे व्यापारी तथा प्राथमिक पाठशाला के अध्यापकों जैसे निम्न-मध्यवर्ग के लोगों का है, जिनका शोषण कुछ ही कम तेजी से हुआ है। इसके बाद मध्यवर्ग का छोटा समूह है, जो कभी शोषक होता है, कभी शोषित। अन्त में मुट्ठी-भर एकाधिकारवादी पूँजीपति हैं, जो अन्तिम अवधि में प्रकट होते हैं और जिन्होंने दूसरों के श्रम से लाभ उठाने का पूँजीवादी गुण प्राप्त कर लिया है। चार वृत्तों वाला यह औपनिवेशिक घेरा आन्तरिक पूँजीवादी घेरे के साथ चलता है, जिसके साथ वह राजनीतिक और आर्थिक गुलामी में बँधा हुआ है। शोषण किसी भी समय घटता नहीं और निरन्तर, विशेषतः पूर्ण ह्रास के बिन्दु पर, भूमिहीन मजदूरों का समूह भुखमरी और अकाल की सूखी हड्डियों से भरता रहता है। औपनिवेशिक अर्थतंत्र, पूँजीवादी अर्थतंत्र के लिए एक विशाल गाँव बन जाता है। एक देश के अन्दर नगर-गाँव के शोषण के सम्बन्ध इस नगर-गाँव के सम्बन्ध की तुलना में कुछ भी नहीं है, जिसमें तीन-चौथाई मानवता शेष के लाभ के लिए एक विशाल गाँव बन जाती है।

परस्पर सम्बन्धित आन्तरिक और बाह्य स्रोतों के इस साधन के द्वारा हम पूँजीवादी विकास के अन्य पहलुओं को भी समझ सकते हैं। विशेषतः

पश्चिमी यूरोपीय उद्योग में पूँजी की विशाल मात्रा समझ में आ जाती है। इन उद्योगों को न केवल अपनी पूँजी का एक बड़ा भाग वैदेशिक मुनाफों से प्राप्त होता है, वरन् वस्तुओं अथवा अतिरिक्त पूँजी के रूप में अपने उत्पादन को भी विदेशों में भेजने के द्वार इसके लिए सदैव खुले रहे हैं। विश्व के बड़े भाग में इस तरह के उद्योग-धन्धे नहीं चले, इस कारण पश्चिम यूरोपीय उद्योग में पूँजी इतनी विशाल मात्रा में लग सकी और ये उद्योग एकाधिकारवादी बन सके। पश्चिमी यूरोप की जनसंख्या इस विशाल पूँजी-निर्माण का बोझ नहीं वहन कर सकती थी, न उसे उद्योगों में लगा सकती थी। अपने उत्पादन का कम्युनिस्ट आधार पर बँटवारा करने पर भी यह सम्भव न होता।

जिस प्रकार विदेशों से प्राप्त शक्ति से विशाल मात्रा में पूँजी-निर्माण हुआ है, इसी प्रकार पूँजीवाद के सामयिक संकटों का हल भी होता है। यह कहना कि औद्योगिक संकटों का कारण, किसी राष्ट्र का उत्पादन और क्रय-शक्ति का अन्तर होता है और नये आविष्कारों तथा अधिक मात्रा में पूँजी-निर्माण के द्वारा ये संकट दूर होते हैं, अर्द्ध-सत्य और दिखावटी मात्र हैं। औद्योगिक संकट आंशिक रूप में आन्तरिक आयों के पूँजीवादी वितरण के अतिरिक्त अधिक मात्रा में किसी पुराने साम्राज्यवादी शक्ति-स्रोत के सूख जाने और नये स्रोत प्राप्त करने के बीच के समय के अन्तर के कारण आते रहे हैं। उत्पादन के पुराने तरीके से किसी खास साम्राज्यवादी क्षेत्र की शोषण सीमा के समाप्त होने पर, आर्थिक संकट उत्पन्न होता है, जो किसी नये क्षेत्र की खोज के उपरान्त समाप्त होता है, जहाँ नये आविष्कारों का प्रयोग किया जा सके।[1]

1. अगर स्टिफेन्सन के भाप के इंजन, या बेसेमर विधि और ऐसे अन्य आविष्कारों को बंगाल-विजय, स्वेज नहर का खुलना और परिणामस्वरूप भारतीय कृषि के व्यवसायीकरण या अफ्रीका-विजय के साथ मिलाकर देखा जाए तो यह प्रमाणित हो जाएगा कि पुराने औपनिवेशिक क्षेत्रों के अपर्याप्त होने पर संकट उत्पन्न हुए और नई राजनीतिक अथवा→

पूँजीवाद के लिए अपने प्रथम संकट और बाद के सामयिक संकटों से बचना इसी प्रकार सम्भव हुआ, क्योंकि आन्तरिक क्रय-शक्ति, पूँजीवादी-उत्पादन के लिए, किसी भी दशा में काफी न होती। यही कारण है कि सारे विश्व की विजय के उपरान्त नई साम्राज्यवादी शक्ति के असम्भव हो जाने के कारण पूँजीवाद स्थायी संकट की अवस्था में पहुँच गया है। इस अवस्था से यह किसी तरह नहीं निकल सकता। फलस्वरूप यह या तो टूट जाएगा अथवा धन के निम्न स्तर पर स्थायित्व प्राप्त कर लेगा। इस पर विस्तारपूर्वक विवेचन की आवश्यकता है।

औद्योगिक संकटों को, बहुधा ब्याज की दर घटने या बढ़ने में समझने की चेष्टा की जाती है। बाह्य दृष्टि से, यह सत्य है कि संकट के समय पूँजी में लाभ बहुत कम होता है, अर्थात ब्याज की दर बहुत कम होती है, जबकि तेजी के समय यह दर अधिक होती है। यह भी सत्य है कि असाधारणतया नीची दर की एक अवधि के बाद उत्पादन विधि में नये आविष्कार से पूँजी का लाभ बढ़ जाता है। पूँजी और श्रम में एक नया अनुपात स्थापित होता है। लेकिन यह औद्योगिक संकटों अथवा ब्याज की दर का केवल बाह्य रूप है। आगे चलने पर यह तर्क प्रस्तुत किया जाता है कि नये आविष्कारों से उत्पादन या लागत कम होती है और वस्तुओं के मूल्य घटते हैं। जनसंख्या में वृद्धि होने के कारण पूँजीपतियों को मुनाफा अधिक मिलता है और इस प्रकार पुनः सन्तुलन स्थापित हो जाता है। पर यह उत्तर भी पूरा नहीं है। तेजी लाने वाले आविष्कारों के प्रयोग तथा उसके फलस्वरूप उत्पादन की लागत में कभी व्यापार या पूँजी लगाने के लिए बड़ी जनसंख्या वाली नई वैदेशिक मंडियों के खुलने से ही सम्भव होती थी। इसी से पूँजीवादी मुनाफे

→ आर्थिक जीतों के बाद ही पूँजीवाद का स्वास्थ्य वापस लौट आया। पूँजीवादी संकटों के इस सिद्धान्त का शायद यह अर्थ भी हो, कि यूरोपीय उद्योग के समान विशाल-मात्रा में पूँजी-निर्माण समाजवादी दशाओं में भी साम्राज्यवादी शोषण के बिना असम्भव होगा। इस प्रश्न पर हम बाद में विचार करेंगे।

और सन्तुलन पुनः स्थापित होते थे और नये सन्तुलन में ब्याज की दर कम होती थी। इस तरह नूतन स्वास्थ्य-निर्माण की सम्भावना के अब समाप्त हो जाने से पूँजीवाद के सामने सूद या ऋण ब्याज पाने की समस्या उठ खड़ी हुई है। पूँजी के सामने उसका अन्त खड़ा है। पूँजीवाद के स्थायी संकट की यही समस्या है।

जबकि पूँजीवाद ने स्वयं अपने देशों में सामयिक संकटों के बीच से गुजरकर प्रगति की है, उपनिवेशों में उसने भयानक धनहीनता और बढ़ती हुई गरीबी भी उत्पन्न की है। जनसंख्या में भूमिहीनों और भूखे मरते हुए खेतिहर मजदूरों की संख्या की भी बढ़ती हुई है। पूँजीवाद की गत्यात्मक शक्ति को समझने में अपनी बुनियादी गलती के कारण मार्क्सवादी, साम्राज्यवादी श्रमिकों में गरीबी बढ़ने की आशा करते रहे, जबकि उन्हें यह बात औपनिवेशिक श्रम में देखनी चाहिए थी। पूँजीवादी विकास का इतिहास औपनिवेशिक जनता की बढ़ती हुई गरीबी तथा भूखे मरते हुए भूमिहीन-मजदूरों में उसके परिवर्तन का इतिहास है।[1]

1. भारतीय कृषि में भूमिहीन मजदूरों का अनुपात पिछली सदी के अन्त में 1,000 में 200 से बढ़कर लगभग 1,000 में 400 हो गया है। कृषि के व्यवसायीकरण का यह सबसे महत्त्वपूर्ण परिणाम है। फिर भी लोग इस तरह की बातें कर सकते हैं कि व्यावसायिक कृषि से देश का धन बढ़ा है। इतनी बड़ी जनसंख्या से किसी विदेशी अर्थतंत्र अथवा अपने एक अंग को प्राप्त होनेवाले प्रचुर रक्त-प्रवाह का ऐसा अन्य उदाहरण मिलना कठिन है। इससे लाभ उठाने वाले ही, उन लोगों के धन बढ़ने की बात कर सकते हैं जिनसे यह रक्त प्राप्त होता है। किसी भारतीय या अन्य उपनिवेश निवासी का तोते की तरह इस मार्क्सवादी सिद्धान्त को रटना कि पूँजीवाद कभी प्रगतिशील था, किन्तु अब नहीं, उसके बौद्धिक पतन का अनोखा उदाहरण है। औपनिवेशिक जनता के लिए पूँजीवाद कभी भी प्रगतिशील नहीं रहा। इससे उनका आर्थिक और आध्यात्मिक पतन ही निरन्तर हुआ है। अगर कोई ऐतिहासिक दृष्टि और सहानुभूति रखने वाला व्यक्ति 'भारत में औपनिवेशिक श्रम का इतिहास' लिख सके, तो न केवल इससे ज्ञान में वृद्धि होगी वरन् वह पुस्तक एक रोमांचकारी उपन्यास-सी प्रतीत होगी। ऐसे इतिहास के लिए शायद फिजी और ट्रिनिडाड जैसे दूर स्थान में शर्तबन्द कुली भेजने के कागज में सामग्री खोजनी पड़े।→

पूँजीवाद में औपनिवेशिक जनता की सबसे अधिक बर्बादी हुई है। वर्ग-संघर्ष के सिद्धान्त को सही मानने पर भी, उसका आधार बदलने की आवश्यकता स्पष्ट है। पूँजीवाद की कब्र खोदने वाले मुख्यत: पूँजीवादी देशों के मजदूर नहीं, बल्कि उपनिवेशों की जनता है। साम्राज्यवादी मजदूर पूँजीवाद का नाश करने में, अधिक-से-अधिक औपनिवेशिक मजदूरों के मित्र हो सकते हैं। औपनिवेशिक मेहनतकशों को एक वर्ग मानना असम्भव होने के सम्बन्ध में मार्क्सवादी चाहे जो कुछ कहें, समुदाय, राजनीतिक चेतना और राष्ट्रीय संगठन की मार्क्सवादी कसौटियों के अनुसार भी पूँजीवादी देशों के श्रमिक वर्ग की अपेक्षा औपनिवेशिक मेहनतकशों को एक ही वर्ग मानना अधिक उचित है। औपनिवेशिक मजदूरों का वर्ग पूँजीवाद के जन्म से ही उसे अपना जीवन-रक्त देता रहा है, विभिन्न अवधियों में उसका पोषण करता है और स्वयं निरन्तर गरीब होता जाता है, जिससे कि उसके अपने नाश से पूँजीवाद का ह्रास होना प्रारम्भ होता है और उसके सोद्देश्य उत्थान

→ विभिन्न अंग्रेजी कमीशनों और उनकी रिपोर्टों को देखना पड़े। पुरानी बजटों और मूल्यों को देखना पड़े। आंशिक रूप में ऐसे व्यक्तियों की गवाही से भी सामग्री जुटानी हो, जो हमारी आँखों के सामने ही ठठरियों में बदल रहे हों। इसमें निश्चय ही एक सम्पूर्ण जीवन लग सकता है, किन्तु यह होगी एक महान कृति। ऐसा इतिहास बताएगा कि हेस्टिंग्स द्वारा बंगाल की जमीनों को बार-बार नीलाम किया जाना, कारीगरों को तेजी से भूमिहीन मजदूर बना दिया जाना, नमक और तेल के लिए दुखियों की पुकार, अपने पानी से भरे खेतों और अपनी कृति को बार-बार निराश नजरों से देखते हुए मजदूरों का रेलों और सड़कों पर काम, सुन्दर स्त्रियों का शीघ्र ही झुर्रियों और कुरूपता में परिवर्तन, किसी अलभ्य कली का जमींदार के बेटे या नील साहब द्वारा तोड़ा जाना और मसलकर फेंक दिया जाना, कभी-कभी विद्रोह, टूटे पुराने जहाजों पर या हजारों मील दूर बलात् ले जाए गए गुलामों की पीड़ा और निराशा, जूट और चाय का आगमन और उनके साथ स्वेज नहर, अन्न के लिए दर्द-भरी पुकार, अकाल, दबी हुई आहें, नंगेपन पर लँगोटी की आश्चर्यजनक जीत, विदेशों के बड़े-बड़े कारखानों और कलकत्ता-बम्बई जैसे शहरों में उनके छोटे प्रतिरूप की पृष्ठभूमि आदि, ये सब कैसे हुए? ऐसे इतिहास में मिलेंगे—इस सबमें लुप्त होते हुए भोजन-वस्त्र तथा जात-पाँत के विष और पलटू जैसे भगतों की कहानी, जिन्होंने परमात्मा में मिलनेवाले अन्तिम सुख का वर्णन किया है।

और पौरुष-जागरण से एक नये युग का जन्म होता है। औपनिवेशिक मजदूर अपने कार्य अच्छी तरह करेंगे या बुरी तरह पतन की अवस्था में पड़े रहेंगे या उठेंगे, इस पर पूँजीवाद के नवीनतम विकास के अन्तर्गत विचार किया जाएगा। इस स्थान पर इतना ही कहना काफी है कि पूँजीवाद का भविष्य पूँजीवादी देशों के मजदूरों के व्यवहार पर उतना निर्भर नहीं है, जितना औपनिवेशिक मजदूरों के व्यवहार पर। पूँजीवाद के भविष्य का अध्ययन करने वाले को अपनी आँखें मुख्यतः औपनिवेशिक मजदूरों के राजनीतिक कार्य पर रखनी होगी।

रूसी-क्रान्ति वर्ग-संघर्ष के इस सिद्धान्त के साथ बिलकुल ठीक बैठ जाती है। जो विश्व अर्थतंत्र के पूँजीवादी गुट का सदस्य नहीं था, किन्तु जो धीरे-धीरे पश्चिम यूरोपियनों के बाहरी औपनिवेशिक घेरे में लाया जा रहा था, ऐसे एक देश के अर्द्ध-औपनिवेशिक मजदूरों में इतनी शक्ति थी कि गुलामी की ओर ले जाने वाली विदेशी और देशी व्यवस्थाओं को उलट सके। पूँजीवादी जंजीर वहाँ पर टूट गई, जहाँ औपनिवेशिक मजदूरों की कड़ी सबसे मजबूत थी। जो लोग पूँजीवादी जंजीर को फिर टूटते देखना चाहते हैं, वे उस ओर देखें, तो अच्छा होगा, जहाँ अब औपनिवेशिक मजदूरों का वर्ग सबसे मजबूत है। इससे शायद सचमुच एक नये विश्व का उदय हो, क्योंकि ढूँढ़ने वाली कड़ी अर्द्ध-औपनिवेशिक नहीं, पूर्णतः औपनिवेशिक है और पूँजीवाद के जीवन के लिए आवश्यक भी है।

पूँजीवाद के आधुनिकतम विकास पर विचार करने के पहले हम इस प्रश्न का उत्तर खोजें कि मार्क्स ने स्वयं अपने ही अस्त्र का अपर्याप्त प्रयोग क्यों किया और पूँजीवाद को केवल पश्चिमी यूरोप के प्रसंग में क्यों देखा? मार्क्सवादी रीति से, यह कहने का लोभ होता है, कि यूरोपीय अर्थतंत्र के अंग होने के कारण, वे यूरोपीय मजदूर वर्ग के हितों के आगे नहीं देख सके। सुधारक होने के नाते, वे अस्पष्ट रीति से सारे विश्व की समृद्धि चाहते थे,

किन्तु विश्व की आर्थिक और आध्यात्मिक उन्नति को निश्चयात्मक गति देने वाले केन्द्र पश्चिमी यूरोप में थे, मार्क्स के आलोचकों का रुख देखने से यह विचार और भी दृढ़ हो जाता है। उन्होंने मार्क्स के सिद्धान्तों की आलोचना सीमान्तक उपयोगिता और उत्पादन की लागत आदि कई दृष्टियों से की है किन्तु किसी ने तर्क के रूप में भी मार्क्स की इस गलती की ओर ध्यान नहीं दिया कि उन्होंने साम्राज्यवादी श्रम को ही पूँजीवादी कारखानों में मूल्य का एकमात्र उत्पादक माना है। पश्चिमी यूरोप में पूँजीवादी और कम्युनिस्ट, दोनों ने एक समान ही साम्राज्यवादी और औपनिवेशिक समूहों में श्रम के इस विभाजन और पूँजीवादी विकास के विभिन्न पहलुओं पर उसके प्रभाव के प्रति खामोशी बरती है। विचारों की इस साजिश को आर्थिक हितों का प्रतिबिम्ब कहने का लोभ हो सकता है, किन्तु एशिया के समाजवादी भी इसमें शामिल रहे हैं, इससे यही प्रकट होता है कि शायद विचारों के अपने ही नियम होते हैं और उनकी कमियों का कारण वर्ग शक्तियाँ अथवा आर्थिक हित ही हो यह आवश्यक नहीं है।

पूँजीवाद के आधुनिक विकास का अध्ययन, इस शताब्दी के पहले दशक के बाद, पश्चिमी यूरोप के अर्थतंत्र का विश्लेषण करके किया जा सकता है। इसके अतिरिक्त कुछ दिनों पहले तक पश्चिम यूरोप आधी से अधिक मानवता के भाग्य का फैसला करता था एवं पूँजीवाद के विकास का मुख्य निर्णायक भी था। इस अवधि में उसमें इतनी शक्ति भी थी कि वह सारे विश्व को दो महायुद्धों में झोंक सके। पश्चिमी यूरोप के अर्थतंत्र के अध्ययन में हमें अभी केवल आर्थिक घटनाओं को ही लेना है, क्योंकि मनुष्य के विचारों और उनकी प्रेरणाओं का अध्ययन, जहाँ तक उनका कोई आर्थिक प्रभाव नहीं है, एक अन्य प्रसंग में किया जाएगा।

इस अवधि में पश्चिमी यूरोप की आर्थिक गति, उद्योगों में अत्यधिक पूँजी लगने में और क्षेत्रीय दृष्टि से सीमित साम्राज्यवाद में नये पूँजीवादों के

उदय में रही है। इस शताब्दी के पहले दशक तक, पश्चिम यूरोप के उद्योगों में विशाल औपनिवेशिक-जनसंख्याओं और उनके देशों की उपलब्धि के आधार पर विशाल मात्रा में पूँजी-निर्माण हो रहा था। उसके चलने के लिए वर्तमान विश्व की आवश्यकता थी। इस वृद्धि का मार्ग अब बन्द हो गया है। कोई नया विश्व नहीं है जहाँ की औपनिवेशिक जनता पश्चिमी यूरोप के पूँजीवाद को गत्यात्मक शक्ति दे सके। इसके विपरीत उपलब्ध क्षेत्रों से होने वाले लाभ अब औपनिवेशिक जनता की बढ़ती हुई गरीबी, अवरोध और विरोध के कारण कम हो रहे हैं। इन सबने पश्चिमी यूरोप के पूँजीवाद का रुख ह्रास की ओर मोड़ दिया है। न केवल वह अपने विकास की चोटी पर पहुँच चुका है, जहाँ से प्रस्तार सम्भव नहीं है, वरन् अपनी पूरी शक्ति का उपयोग करने में भी अब वह असमर्थ है। 1929 के बाद की मन्दी के पाँच वर्षों की उत्पादन-शक्ति का उपयोग केवल तीन-चौथाई और कुछ उद्योगों में तो केवल आधा रह गया था। उद्योग की इस गिरती धारा के साथ ही विश्व-व्यापार में कमी आई और बेकारी बढ़ी।

इस तरह पश्चिमी यूरोप के पूँजीवाद के अस्तित्व को तीन तरह के खतरे रहे हैं। औपनिवेशिक गरीबी का और विरोध का खतरा तथा आपसी और गैर-यूरोपीय क्षेत्रों की प्रतिद्वन्द्विता का खतरा। अनिवार्य अन्त के निकट आते जाने के कारण ही शायद, पश्चिमी यूरोप औपनिवेशिक गरीबी और विरोध के सबसे बड़े खतरे का सामना बिलकुल ही नहीं कर सका। भय और विचारों की जड़ता के कारण उसकी विचारधारा पर पूँजी और श्रम के आन्तरिक संघर्ष का ही अधिक प्रभाव रहा है। किन्तु कार्य रूप में जिस खतरे ने पूँजीवाद को अधिक सक्रिय बनाया और जिसके परिणाम सबसे अधिक महत्त्वपूर्ण हुए, वह आपसी प्रतिद्वन्द्विता का खतरा था। एक पीढ़ी के अन्दर ही दो बार युद्ध के द्वारा अपने सदस्यों की संख्या घटाकर उसने यह खतरा दूर करने की चेष्टा की। उत्पादन-शक्ति और

विश्व-व्यापार में कमी तथा बेकारी में वृद्धि के आगमन ने युद्ध-उद्योगों और युद्ध में वृद्धि की।

इस अवधि में दो युद्धों के पीछे जहाँ तक आर्थिक प्रश्नों का सम्बन्ध है, उत्पादन-शक्तियों का संघर्ष है, यह सत्य है कि जब तक एक पूँजीवादी ढाँचे की उत्पादन-शक्ति कम न हो, तब तक दूसरे की उत्पादन-शक्ति का पूरा उपयोग नहीं हो सकता। इस संघर्ष के ऊपर बहुत से सांस्कृतिक प्रश्नों का आवरण भी आ जाता है, तथा संकुचित हितों से लेकर लोकतंत्र की रक्षा तक, हर प्रकार के कारण से व्यक्ति, तथा राष्ट्रीय स्वतंत्रता के हित से राष्ट्र युद्ध में खिंच आते हैं। सुदूर भविष्य में इन सब कारणों का भी शायद महत्त्व है। कुछ का तो आर्थिक महत्त्व भी है और हम पश्चिमी यूरोप पर उनके प्रभाव का अध्ययन करेंगे। किन्तु आर्थिक कारणों और परिणाम दोनों ही दृष्टियों से ये युद्ध मुख्यत: उत्पादन-शक्तियों के युद्ध हैं। दोनों विश्वयुद्धों में सबसे बड़ा आर्थिक अन्तर यही है कि 1914 का युद्ध पूर्णत: पश्चिमी यूरोप का युद्ध था, जबकि 1939 के युद्ध में पश्चिमी यूरोप का स्थान प्रशान्त महासागर से कुछ ही अधिक था। इसका चाहे और जो भी अर्थ हो, इससे इतना तो स्पष्ट हो ही जाता है कि आर्थिक शक्ति और उसमें गड़बड़ी के क्षेत्र बदल रहे हैं और यूरोप इतिहास में पीछे हट रहा है।

यह प्रत्यागमन, दो युद्धों में हुए विनाश के कारण नहीं है। युद्ध के द्वारा किसी शक्तिशाली देश में प्रत्यक्ष विनाश शायद ही कभी ऐसा होता है कि उसे किसी वस्तु के द्वारा पूरा न किया जा सके। शायद ही कभी मृत्यु-संख्या, चाहे वह कितनी भी अधिक हो, जन्म-संख्या से अधिक होती हो। इसलिए कि आयु-दलों[1] के बीच के अनुपात के सम्बन्ध के अतिरिक्त, पश्चिमी यूरोप की आबादी के संख्या-बल पर युद्ध का प्रभाव कम ही पड़ता है। इस प्रकार जल, थल और वायु द्वारा जो भी विनाश हो, युद्धकाल में पश्चिमी

1. Age-groups

यूरोप की उत्पादन-शक्ति बढ़ती ही जाती है और युद्ध के अन्त में, आरम्भ काल की अपेक्षा पश्चिमी यूरोप के देशों की उत्पादन-शक्ति कुछ दिशाओं में अधिक ही होती है। सम्भव है कि 1939 के युद्ध में बड़ा विनाश हो, किन्तु अगर अन्तिम कारखानों तक युद्ध न चलाया गया तो पश्चिमी यूरोप के पूँजीवादी देशों की उत्पादन-शक्ति में कोई खास कमी न आएगी। युद्ध के कारण उत्पन्न विनाश नहीं, वरन् युद्ध के बाद की असमर्थता जनशक्ति का ह्रास करती है। जनता की नैतिकता का प्रश्न तो बिलकुल ही दूसरा है। यह कुछ कहा ही नहीं जा सकता कि पुनरावृत्ति के परिणामस्वरूप पुनः युद्ध के लायक सबलता प्राप्त करने वाले जर्मनी का उदाहरण, किसी राष्ट्र के लिए इस प्रकार की धारणा को सर्वथा कठिन कर देता है। संयम के साथ ऐसा कहा जा सकता है कि पुनरावृत्ति और दीर्घकालीन युद्ध किसी भी अवस्था में, राष्ट्र को इस जीवन के आकर्षण से परलोक के सुख की ओर मोड़ दे। फिर भी जनता की नैतिकता को अज्ञात अनिश्चित तत्त्व के रूप में ही मानना अच्छा है।

युद्धजनित विनाश नहीं, बल्कि युद्ध के कारण होने वाले परिवर्तन के कारण पश्चिमी यूरोप इतिहास में पीछे की ओर पाँव रख रहा है। युद्ध की आवश्यकताएँ विश्व के महान राष्ट्रों की उत्पादन-शक्तियों और उनके व्यवहार के अनुपात में ऐसी गड़बड़ी उत्पन्न करती है कि महाद्वीप और गोलार्द्ध एक-दूसरे के खर्च पर लाभ और हानि उठाते हैं। 1939 के युद्ध का अन्त, सम्भवतः 1914 के युद्ध की अपेक्षा, महत्तर गड़बड़ी प्राप्त करेगा।

1914 के युद्ध के प्रारम्भ में विश्व की सात महान शक्तियों का अनुपात, यूरोप के पक्ष में पाँच : तीन का था। पाँच यूरोपीय शक्तियों में पश्चिमी यूरोप के तीन देश, इंग्लैंड, जर्मनी और फ्रांस अपने विपरीत अर्थशास्त्र और अपनी उत्पादन-शक्तियों के दृष्टिकोण से वस्तुतः महान शक्तियाँ थीं। जबकि पूर्वी यूरोप की दो शक्तियों में जार का रूस इन महान शक्तियों की

अपेक्षा कुछ न्यून-सा था और आस्ट्रिया का साम्राज्य तो केवल नाम को ही था। 1914 के युद्ध के अन्त ने विश्व अनुपात में कोई स्पष्ट परिवर्तन तो नहीं दिखाया पर इतना अवश्य हुआ कि आस्ट्रिया द्वारा किये जाने वाले बड़े कार्य नाम के लिए इटली द्वारा अपना लिये गए, जबकि रूस ने महान शक्ति बनने की दिशा में प्रयत्न करना प्रारम्भ कर दिया था, पर विश्व के अनुपात में दिखाई देने वाले इस स्थायित्व के पीछे एक भारी परिवर्तन हो चुका था। गैर-यूरोपीय दो शक्तियाँ—अमरीका और जापान इस शीघ्रता से अपनी उत्पादन क्षमता और प्रभाव विस्तारित कर रही थीं कि उनमें से एक तो अपने को विश्व की महान शक्ति बनाने में लगी थी, जबकि दूसरी भी शक्ति का अच्छा संचय कर रही थी। 1939 के युद्ध के प्रारम्भ में, विश्व-शक्तियों का अनुपात, पहले की ही तरह यूरोप के पक्ष में पाँच : दो कायम रखा गया था, पर वस्तुतः वास्तविक शक्ति का माप, अनुपात तीन : दो के द्वारा ही उत्तम होता। 1939 के युद्ध की प्रगति में इटली को इस बुरी तरह पछाड़ दिया गया कि शान्ति-काल में उसके लिए यह फिर सम्भव ही नहीं हो सकता कि वह अपने को महान शक्ति बनाने का दावा कर सके। अपनी हार और अन्य कारणों से फ्रांस सम्भवतः अपनी उत्पादन-शक्ति और विश्व-शक्ति के रूप में अपना स्थान फिर से प्राप्त न कर सकेगा। इस युद्ध का अन्त जैसे भी हो और जो भी परिवर्तन हो, शेष दो बड़ी शक्तियों के विरुद्ध यूरोप में भी दो ही बड़ी शक्तियाँ रह जाएँगी। अगर सोवियत रूस भी उनमें से एक हुआ तो वह विश्व राजनीति में तो हस्तक्षेप करता रहेगा किन्तु कुछ समय तक स्वयं व्यापार और पूँजी लगाने में उसके हस्तक्षेप की सम्भावना है ही नहीं। इस प्रकार यूरोप में केवल एक ही बड़ी शक्ति ऐसी रह जाती है, जिसकी उत्पादन-शक्ति का पूँजीवाद के भविष्य पर कोई प्रभाव हो सकेगा। यह शक्ति जो भी हो, यह अपने पश्चिमी यूरोप के अन्य प्रतिद्वन्द्वियों को युद्ध में पराजित ही नहीं कर चुकी होगी, बल्कि यह भी

सावधानी से देखना चाहेगा कि युद्ध के अन्त में पराजित शत्रु की न केवल सैनिक सम्भावनाएँ ही, अपितु इससे भी अधिक औद्योगिक सम्भावनाएँ नष्ट हो जाएँ। विश्व-व्यापार में यूरोप के भाग पर इसका प्रभाव आसानी से समझ लेना कठिन नहीं है। परस्पर प्रतिद्वन्द्विता रखते हुए भी पश्चिमी यूरोप के पूँजीवादी विश्व-व्यापार पर अपने प्रभुत्व को रखने में समर्थ थे। विश्व-व्यापार का 51 प्रतिशत यूरोप के अधीन था। इंग्लैंड, जर्मनी और फ्रांस का हिस्सा विश्व-व्यापार में 35 फीसदी था। 1939 के युद्ध के पहले पश्चिमी यूरोप निस्सन्देह विश्व का आर्थिक केन्द्र और इसलिए विश्व का सैनिक और राजनीतिक केन्द्र भी था। यह स्थिति ऐसी इसलिए नहीं है कि केवल पश्चिमी यूरोप की एक शक्ति ने अपनी उत्पादन-शक्ति एकदम खो दी है और एक दूसरी निश्चित रूप से उसका अनुगमन करेगी, बल्कि अमरीका का गोलार्द्ध उन्नत हो रहा है। युद्ध के बीच भी सं. रा. अमरीका की उत्पादन-शक्ति बढ़ती गई है, जैसा कि वायुयान-उत्पादन के विशाल कार्यक्रम और हेनरी कैसर के 'एक दिन में एक जलयान' से प्रकट है। यह बढ़ी हुई उत्पादन-शक्ति अभी ही विश्व-व्यापार, वायु-यातायात और तेल इत्यादि में अनुरूप स्थिति प्राप्त करने की चेष्टा कर रही है। इसके अतिरिक्त सं. रा. अमरीका का आर्थिक ढाँचा अपनी आन्तरिक गत्यात्मक शक्ति का प्रयोग कर चुका है और उसे बढ़े हुए विश्व-व्यापार का सहारा लेना पड़ेगा। यूरोप और अमरीका के बीच युद्ध के पहले विश्व-व्यापार में जो यूरोप के पक्ष में 51 और 23 प्रतिशत का अनुपात था, वह युद्धोत्तर काल में सम्भवतः अमरीका के पक्ष में उलट जाए, भले ही शायद वह अविलम्ब उतनी दूर तक न जाए। साथ-ही-साथ विश्व-व्यापार में एशिया की स्थिति में भी शायद कुछ सुधार हो। अगर जापान युद्ध में हार जाता है, तो उसकी उत्पादन-शक्ति न्यूनाधिक मात्रा में चीन को मिलेगी और इस प्रकार एशिया में, वह कम-से-कम एक बड़ी शक्ति होगी। अन्य कई आर्थिक

और राजनीतिक आन्दोलन भी प्रौढ़ हो रहे हैं, जिनका पथ सुदूर सीमा तक एशिया के विकास को निर्धारित करेगा। युद्ध के पूर्व विश्व-व्यापार में एशिया का भाग 14 प्रतिशत था और उसमें अधिक सुधार होता है या नहीं, यह गैर-आर्थिक और अज्ञात शक्तियों पर बहुत अधिक निर्भर है। विश्व अर्थतंत्र में इन बड़े क्षेत्रीय परिवर्तनों का पूँजीवाद के भविष्य पर क्या प्रभाव पड़ेगा, इन प्रश्न पर कुछ सीमा तक अन्य कहीं विचार किया जाएगा। महत्त्व की खोज करने के पहले हम इसके अस्तित्व को समझें। अभी इतना कहना काफी है, कि विश्व अर्थतंत्र में महान क्षेत्रीय परिवर्तन हो रहे हैं।

आपसी प्रतिद्वन्द्विता का खतरा दूर करने की चेष्टा में पूँजीवाद और अधिक खतरा उत्पन्न कर लेता है। औपनिवेशिक गरीबी और विरोध का बढ़ता हुआ खतरा, गैर-यूरोपीय क्षेत्रों की प्रतिद्वन्द्विता तथा आन्तरिक अव्यवस्था पश्चिमी यूरोप के पूँजीवादी देशों को मजबूर कर रही है कि युद्धों के द्वारा वे मानव-इतिहास में अपना महत्त्व खोते जाएँ।

पश्चिमी यूरोप की जनसंख्या में वृद्धि की पुरानी रफ्तार खत्म हो गई है। कुछ जनसंख्या स्थिर है। कुछ बहुत धीरे-धीरे बढ़ रही है। इन सबों से ऐसा प्रकट हो रहा है कि शताब्दी के अन्त तक सभी जनसंख्या में कमी होने का अनुमान सही है। जनसंख्या में कमी होने का यह अर्थ आवश्यक नहीं कि युद्ध करने अथवा औपनिवेशिक अर्थतंत्रों पर प्रभुत्व रखने की शक्ति भी कम हो रही है। जनसंख्या में कमी की हानि कारीगरी के विकास से पूरी हो सकती है। किन्तु वास्तव में ऐसा नहीं है, क्योंकि गैर-यूरोपीय स्वतंत्र अर्थतंत्र भी अगर अधिक नहीं तो उतना ही विकसित है, जितना कि यूरोपीय और यह भी सत्य प्रतीत होता है कि पूँजीवाद में स्थिर या घटती हुई जनसंख्या के साथ सांस्कृतिक और वैज्ञानिक गतिरोध भी हो जाता है। सांस्कृतिक गतिरोध और घटती हुई जनसंख्या का ठीक-ठीक सम्बन्ध निश्चित करना कठिन है, सिवाय इसके कि जनसंख्या के घटने के कारण पूँजीवाद

की एक आन्तरिक महत्त्वपूर्ण गत्यात्मक शक्ति खतम होती है और इसके कारण बाह्य-शक्ति-स्रोत भी नियंत्रण से बाहर हो जाते हैं।

उन्नीसवीं शताब्दी में यूरोप की जनसंख्या लगभग तिगुनी हो गई। इसके अतिरिक्त बहुत से अकिंचन अमरीका चले गए। ब्रिटेन की जनसंख्या चौगुनी हो गई, जर्मनी की तिगुनी और फ्रांस की दुगुनी से अधिक। ये बढ़ी जनसंख्याएँ पूँजीवाद के औद्योगिक संकट दूर करने में सहायक हुई थीं, क्योंकि इसके द्वारा विस्तृत बाजार मिला था और भारी पूँजीवाद के लिए जनशक्ति। पिछले दो दशकों से फ्रांस की जनसंख्या स्थिर है। जर्मनी ने जानबूझकर जनसंख्या की कमी दूर करने का प्रयत्न किया जो सफल हुआ। इससे प्रतीत होता है कि बीसवीं शताब्दी के अन्त में ब्रिटेन की जनसंख्या आज के साढ़े चार करोड़ की जगह ढाई करोड़ और जर्मनी की साढ़े तीन करोड़ रह जाने का अनुमान निराधार नहीं है। एक अंग्रेज उपन्यासकार (गाल्सवर्दी) के इस कथन में सच्चाई है, जो फोरसाइट परिवार के सम्बन्ध में सुझाव के रूप में है, 'संख्या ब्याज की दर के अनुरूप होती है। ब्याज की गिरती हुई दर शून्य के नीचे चली जाए, इसकी आशंका है और इसके अनुरूप जनसंख्या को घटने से रोकना भी सम्भव नहीं प्रतीत होता।' किन्तु जनसंख्या में तो कमी का स्वयमेव यह अर्थ नहीं कि औपनिवेशिक जनता पर पश्चिमी यूरोप की आर्थिक शक्ति घट रही है। अब भी प्रयुक्त अश्व-शक्ति के हिसाब से जर्मनी और ब्रिटेन की जनसंख्या से कहीं अधिक है। आर्थिक और राजनीतिक शक्ति के वर्तमान रूपों के निर्धारण में अश्व-शक्ति का बड़ा हाथ होता है। फिर भी ब्रिटेन और जर्मनी की अश्व-शक्ति में केन्द्रीकरण की प्रणाली के सम्बन्ध में सावधानी रखने की आवश्यकता है, क्योंकि वहाँ की जनसंख्या की कमी के कारणों में यह भी एक कारण है। अगर वर्तमान युग केन्द्रित अश्व-शक्ति का युग रहा है, तो आने वाला युग बिखरी हुई और शायद बढ़ी हुई अश्व-शक्ति का युग होगा।

पश्चिमी यूरोप में आविष्कारिता भी घट रही है। विद्युत और पेट्रोल के इंजनों के महत्त्व के बढ़ते जाने से प्रायोगिक विज्ञान में यूरोप का नेतृत्व अब वैसा नहीं है, जैसा भाप और लोहे के जमाने में था। जर्मनी में इसके लिए साहसपूर्ण प्रयत्न किये गए हैं, कि जो कुछ प्राकृतिक रीति से उपलब्ध न हो, उसे कृत्रिम रीति से बनाया जाए। यह एक अलग आर्थिक ढाँचे के लिए मूल्यवान है, किन्तु विश्व के आर्थिक इतिहास का निर्णायक नहीं। इसे पश्चिमी यूरोप के ह्रास में विलम्ब करने का एक वीरतापूर्ण प्रयत्न कहा जा सकता है। यह कहना कठिन है कि ध्वनि-संचालित टारपीडो, रेडियो संचालित बम और अन्य ऐसे अस्त्र यूरोप की जीवित वैज्ञानिक शक्ति के प्रमाण हैं, अथवा पुराने ज्ञान के फल हैं। शायद अब भी यूरोप छोटी-छोटी मशीनों के विज्ञान या अल्पशक्ति की विद्युत का नेतृत्व करे। युद्ध के पहले ही अमरीका विद्युत इंजीनियरिंग के उद्योगों में प्रवीण था और वहाँ यह नवीन विद्युत विज्ञान बड़ी प्रगति कर रहा है। चूँकि, एशिया के देशों पर पुराने ढंग के बड़े पूँजीवाद का बोझ नहीं है, अतः कोई कारण नहीं प्रतीत होता कि एशिया के वैज्ञानिक बिजली और प्लास्टिक आदि की बिखरी हुई विधियों के विज्ञानों का नेतृत्व न करें। किन्तु उन्होंने अभी तक काफी वैज्ञानिक शक्ति प्रदर्शित नहीं की है और औद्योगिक विज्ञानों में यूरोपीय विधियों की नकल करने में लगे रहे हैं। इन सबसे इस बात पर कोई प्रभाव नहीं पड़ना चाहिए कि विज्ञान की उच्चतम शाखा, गणित सम्बन्धी भौतिकशास्त्र में पश्चिमी यूरोप अब भी विश्व का नेता है।

अन्य किसी कारण की अपेक्षा औपनिवेशिक गरीबी और विरोध, पश्चिमी यूरोप के आर्थिक ढाँचे में अधिक दृढ़ संकोच उत्पन्न कर रहे हैं। पीकिंग से कलकत्ता और बम्बई होते हुए काहिरा तक, कम-से-कम उपभोग की वस्तुओं में राष्ट्रीयता, कार्य का मुख्य स्रोत बन रही है। नगरवासियों के एक छोटे फैशनपरस्त वर्ग के अतिरिक्त लोग वस्तुओं के गुण और मूल्य

की अपेक्षा इस बात में अधिक दिलचस्पी दिखा रहे हैं कि वह वस्तु कहाँ बनी है। यह भावना समय के साथ सम्भवतः बढ़ती और दृढ़ होती जाएगी और इसका प्रभाव, लंकाशायर और लियोन्स की स्थायी मन्दी में, अभी भी दिखाई पड़ रहा है। साथ ही औपनिवेशिक विरोध का पश्चिमी यूरोप के मशीन उद्योग और पूँजी लगाने पर कोई विशेष प्रभाव नहीं दिखाई पड़ता। मैक्सिको के अतिरिक्त, जहाँ ईगल आयल कम्पनी नामक तेल का कारखाना जब्त कर लिया गया था अन्य स्थानों में उदाहरणार्थ ईरान में—इस तरह के प्रयत्नों का कोई फल नहीं हुआ। उपनिवेशों में मशीनें या मशीन के हिस्से बनाने के कारखाने भी नहीं बने, जिससे कि पश्चिमी यूरोप की बनी हुई मशीनों का प्रयोग वस्तु के उत्पादन में कम हो। अतः औपनिवेशिक विरोध का जहाँ उपभोग की वस्तुओं के पश्चिमी यूरोपीय उद्योग पर बड़ा प्रभाव पड़ा है, वहाँ उत्पादक के मशीन-उद्योग पर कोई खास प्रभाव नहीं पड़ा। औपनिवेशिक जनता गुलामी की अवस्था में भी उपभोग की वस्तुएँ कहाँ से आती हैं, इसका निर्णय कर सकती है, लेकिन उत्पादकों की मशीनों के बारे में ऐसा नहीं कर सकती, क्योंकि वर्तमान विधि के अनुसार पूँजी-निर्माण इतनी बड़ी मात्रा में आवश्यक होता है कि पूँजी की मंडी विदेशी सरकार और देशी पूँजीपतियों में ही सीमित रहती है, कारण, राष्ट्रीय भावनाओं और हितों की अपेक्षा खतरे, मूल्य और गैर-राष्ट्रीय भावनाओं का प्रभाव ही अधिक रहता है। उदाहरणार्थ भारत के इंजन के कारखाने तीस वर्षों की बातचीत के बाद भी मरम्मत के कारखाने ही हैं और इंजन-मोटर बनाने के कारखाने बनने की सम्भावना नहीं है। किन्तु मशीन उद्योगों में राजनीतिक आन्दोलनों की सफलता के बाद आर्थिक गति आती है। अतः इस समय कहा नहीं जा सकता कि कितने शीघ्र या कितनी देर से, औपनिवेशिक विरोध पश्चिमी यूरोप के मशीन उद्योग को प्रभावित करेगा। यह भी कह दिया जाए कि अमरीका और ब्रिटेन की तेल कम्पनियों को मैक्सिको में

कुछ मुआवजा देकर जो जब्त किया गया, वह मैक्सिको की राष्ट्रीय शक्ति का परिणाम तो था ही, अमरीका के कुछ प्रभावशाली हितों के रुख से भी उसे सुविधा मिली थी।

सजग विरोध से कहीं अधिक, औपनिवेशिक जनता की बढ़ती हुई गरीबी के कारण पश्चिमी यूरोपीय अर्थतंत्र में दृढ़ता और संकोच आ रहे हैं। कुछ क्षेत्रों में कई दशकों, कुछ और क्षेत्रों में एक शताब्दी से भी अधिक से बार-बार नगर-गाँव का सम्बन्ध रखने के कारण, औपनिवेशिक जनता में अब इतनी शक्ति नहीं है कि पूँजीवादी अर्थतंत्रों को जीवनदान दे सके। वे अब भी पश्चिमी यूरोप के अन्तिम पतन को कुछ समय के लिए रेलों, सार्वजनिक कार्यों और उपभोग की वस्तुओं की माँग के द्वारा रोक सकती हैं, किन्तु यह माँग भी घट रही है। अगर वर्तमान आर्थिक दिशाएँ बदल नहीं जातीं, जिसकी सम्भावना कम ही है, तो पश्चिमी यूरोपीय अर्थतंत्र के नाश के लिए औपनिवेशिक जनता की बढ़ती हुई गरीबी ही सबसे बड़ा अकेला कारण बनेगी।

उत्पादन-शक्ति के प्रयोग के क्षेत्रों में बदलाव, घटती हुई जनसंख्या एवं आविष्कार शक्ति और उपनिवेशों की गरीबी तथा विरोध मानव-जाति के मामलों में यूरोप को पीछे ढकेलते जा रहे हैं।

अब हम देखें कि क्या यूरोप के सोद्देश्य प्रयत्न ऐसे हैं, कि इस प्रत्यागमन को रोक सकें? हम यहाँ केवल उन्हीं प्रयत्नों को देखेंगे जिनका कुछ निश्चित आर्थिक परिणाम हो, उद्देश्य और लक्ष्य, नैतिक मूल्य, गलतियाँ और क्या करना चाहिए आदि प्रश्नों पर इतिहास की सामान्य समस्या के प्रसंग में विचार किया जाएगा।

अपने सबसे बड़े खतरे के सम्बन्ध में औपनिवेशिक गरीबी और विरोध बढ़ते जाने पर यूरोप के प्रयत्न आर्थिक से अधिक राजनीतिक ही रहे हैं। इस रुझान के बढ़ने की ही सम्भावना है, न केवल इसलिए कि औपनिवेशिक

विरोध प्रतिदिन क्रियाशील हो रहा है, बल्कि इस कारण भी कि औपनिवेशिक गरीबी की समस्या इतनी कठिन है कि पश्चिमी यूरोप इसका आर्थिक हल नहीं कर सकता। अब उपनिवेशों में घटनाएँ पूँजीवादी कार्य की प्रतीक्षा नहीं करतीं और पूँजीवाद को बहुधा उनके विरुद्ध कार्य करना होता है, जिससे वह आमतौर पर पीछे ही रह जाता है। यूरोपीय पूँजीवाद उपनिवेशों में पूँजीवाद के विकास से और भी डरता है क्योंकि उसमें ऐसी वैज्ञानिक विधि कौशल की शक्ति और भी कम है, जो उपनिवेशों का धन बढ़ाने के साथ उनके अपने अर्थतंत्र को भी बल दे। पश्चिमी यूरोप का उपनिवेशों में मुख्य कार्य विकास नहीं, बचाव बन गया है। नगर-गाँव सम्बन्ध जितनी बार दुहराया जाएगा, बचाई जाने वाली वस्तु उतनी ही घटेगी और उपनिवेशों के आर्थिक ह्रास के साथ पश्चिमी यूरोप के पूँजीवाद का ह्रास होगा। पिछले दिनों उपनिवेशों में यूरोपीय कार्यवाहियों का आर्थिक परिणाम बहुत कम ही हुआ है। उदाहरण के लिए हाल में सिन्ध, पंजाब और राजपूताना में नहरों पर किया गया व्यय अपने-आप में तो काफी बड़ा था, किन्तु उससे भारत या ब्रिटेन के अर्थतंत्र को गत्यात्मक शक्ति नहीं मिली। अगर कृषि के उत्पादन में कोई वृद्धि होती है, तो वह आवपाशी की दर अर्थात सरकारी नहरों पर लगी पूँजी के ब्याज और लाभ को ही पूरा कर सकती है या फिर वह लाभ बड़े भूमिपतियों के एक छोटे-से वर्ग के हाथ में चला जाता है, जिसका उत्पादन में फिर कोई उपयोग नहीं होता। इसके साथ ही उपनिवेशों में पश्चिमी यूरोप की कार्यवाही अधिकाधिक विलासिता का रूप धारण कर रही है। उदाहरणार्थ बम्बई में बैकवे रिक्लेमेशन, हावड़ा का नया पुल, टैंगानिका में शिकार के क्षेत्र और कीनिया के हाई-लैंड्स आदि। इनसे पश्चिमी यूरोपीयों और कुछ देशी धनिकों के जीवन अधिक सुख-सौन्दर्यपूर्ण हो सकते हैं। वे कुछ समय के लिए यूरोप के इंजीनियरिंग उद्योगों को कायम रखने में भी सहायक हो सकते हैं, किन्तु पूँजीवादी या औपनिवेशिक अर्थतंत्रों को पुनः जीवित करने

में वे पूर्णतः असमर्थ हैं। पश्चिमी यूरोप की आर्थिक कार्यवाहियों के स्वरूप परिवर्तन की कोई सम्भावना भी नहीं है। हाल के रुझान से यह प्रकट होता है कि सार्वजनिक कार्य, यातायात और कृषि के यंत्रीकरण की ओर पश्चिमी यूरोप का झुकाव जारी रहेगा। इनका राजनीतिक या प्रचारात्मक महत्त्व चाहे जो हो, सड़क-नहर बनाने और कृषि में बिजली का उपयोग करने आदि के ये कार्य, उपनिवेशों के आर्थिक ढाँचे को पुनः जीवित नहीं कर सकते और इंजीनियरिंग उद्योगों की कुछ माँग बढ़ाने के अतिरिक्त पूँजीवाद की कोई विशेष सहायता भी नहीं कर सकते। जब तक कि औपनिवेशिक कृषि में खेतिहर मजदूर, छोटे किसान और बड़े जमींदारों के आपसी सम्बन्ध पूर्णतः बदलते नहीं, तथा जब तक उपनिवेशों के गाँव अधिक पूँजी के सहयोग के बिना कुछ कार्य में नहीं लग सकते तथा किसी नये प्रकार के कौशल से छोटी-छोटी इकाई में ही पुनः शक्ति नहीं प्राप्त करते, जो कि अधिक महत्त्वपूर्ण है, तब तक औपनिवेशिक अर्थतंत्र के लिए कोई आशा नहीं। सब विदेशी सरकार के बस के बाहर हैं। सशक्त औपनिवेशिक नीति की कभी-कभी कुछ चर्चा हुई है, जैसे एक बार रीयल इंस्टीच्यूट आफ इंटरनेशनल अफेयर्स की बैठक में ब्रिटिश फेडरेशन और इंडस्ट्रीज के मंत्री ने प्रस्ताव किया था कि ऋण के ब्याज की दर के बिना अफ्रीका और अन्य उपनिवेशों का विकास होना चाहिए। प्रथम तो, इस तरह की बातें केवल विचार-मात्र की साहसिकता हैं, कोई क्रियात्मक नीति नहीं, क्योंकि गम्भीर और अज्ञात खतरों से भरी हुई ऐसी सशक्त नीति स्वीकार करने के बजाय, पश्चिमी यूरोप का पूँजीवाद अपने भाग्य से लड़ना ही पसन्द करेगा। फिर इससे यह भी प्रकट होता है कि पश्चिमी यूरोप के अधिक-से-अधिक दूरदर्शी अर्थशास्त्री भी औपनिवेशिक विकास की बात पुराने कौशल अर्थात घटती हुई पूँजी के आधार पर ही सोच सकते हैं। अतः यही सम्भावना है कि पश्चिमी यूरोपीय पूँजीवाद उपनिवेशों में बचाव की लड़ाई ही लड़ता रहेगा, राजनीतिक से

अधिक आर्थिक क्षेत्र में उसे सारे रचनात्मक विचारों को छोड़कर बचाव की नकारात्मक नीति पर चलना पड़ेगा। अधिक-से-अधिक यह इतना ही कर सकता है कि राजनीतिक कार्यों के द्वारा जहाँ तक सम्भव हो उपनिवेशों से मिलने वाली शक्ति के ह्रास को रोके। चाहे अनुदारवादी सरकार हो या कम्युनिस्ट या कोई बीच की सरकार हो, यही होगा ही। सीधा-सादा जवाब कि उद्योगों के समाजीकरण से सब ठीक हो जाएगा, पश्चिमी यूरोप के उद्योगपतियों और प्रबन्धकों को तो बड़ा गैर-जिम्मेदार प्रतीत होता ही है, साम्राज्यवादी श्रम को भी ऐसा ही लगता है, जो अर्द्धचेतन रूप में उपनिवेशों की आवश्यकता को समझते हैं। यही कारण है कि मार्क्सवाद को अभी तक पश्चिमी यूरोप ने स्वीकार नहीं किया और अगर किसी विशेष स्थिति में वह सत्तारूढ़ हो जाए तो वर्ग-संघर्ष तथा वैज्ञानिक कौशल के सम्बन्ध में अपने वर्तमान सिद्धान्तों के रहते, या तो उपनिवेशों के बचाव की नीति पर ही चलेगा, या अगर उसने अपने कथित आदर्शों पर चलने की चेष्टा की तो पश्चिमी यूरोपीय अर्थतंत्र का तेजी से ह्रास होगा, उत्पादन घटेगा और बेकारी बढ़ेगी।

उपनिवेशों में पश्चिमी यूरोप की राजनीतिक कार्यवाही बिलकुल सीधी-सादी है। अगर औपनिवेशिक गरीबी दूर नहीं हो सकती, तो विरोध का अन्त करना उस तरह असम्भव नहीं। अपनी राजनीतिक शक्ति के बल पर पश्चिमी यूरोप औपनिवेशिक जनता के क्रान्तिकारी कार्य के फलस्वरूप औपनिवेशिक शक्ति-स्रोत का एकाएक सूख जाना रोक सका है। अपने आर्थिक ढाँचे को कोई खतरा पहुँचाए बिना, उसने औपनिवेशिक विरोध को ठंडा करने के सम्भव प्रयत्न राजनीति में भी किये हैं। अतः, जब उपनिवेशों में पश्चिमी यूरोप की राजनीतिक कार्यवाही दमन पर नहीं चलती तो जाँच कमीशन, खोज-समिति, रिपोर्टें और छोटे-छोटे सुधारों का सहारा लेती है। ऐसा अनुदारवादी सरकारें ही नहीं, 'जनमोर्चे' की सरकारें भी करती हैं,

जैसा कि फ्रांस और स्पेन की सरकारों ने किया, जिनमें सोशलिस्ट और कम्युनिस्ट दोनों ही शामिल थे। इस स्थिति के बदलने की सम्भावना भी नहीं है। पश्चिमी यूरोप की उदार चेतना का नैतिक मूल्य जो भी हो, आर्थिक दृष्टि से वह इतनी अज्ञानी है कि पूँजीवाद के भविष्य का निर्देशन नहीं कर सकती। उसके इस हल का, कि उपनिवेशों को स्वतंत्र रूप से विकसित होने दिया जाए और वे जितनी शक्ति स्वेच्छा से देना चाहें, उसी पर निर्भर रहा जाए। कभी आर्थिक परिणामों की दृष्टि से परीक्षण नहीं हुआ और अगर हो भी तो पश्चिमी यूरोप की सरकारों द्वारा उसकी स्वीकृति सन्देहास्पद है। अत: अगर सफल औपनिवेशिक विरोध या उत्पादन-शक्ति के अनुपात में किसी बड़े क्षेत्रीय परिवर्तन के कारण कोई बड़ा दबाव न पड़ा, तो उपनिवेशों में पश्चिमी यूरोप की राजनीतिक कार्यवाही बचाव की नीति पर ही आधारित रहेगी। आर्थिक ह्रास के बीच यथासम्भव बचाव की राजनीतिक नीति का एक ही अर्थ हो सकता है, कि औपनिवेशिक जनता को पूँजीवाद की निम्नतम जाति बनाकर रखने का प्रयत्न किया जाए, जैसे कि किसी समय हिन्दुओं ने अपने एक अंग को अन्त्यज बना दिया था।

उत्पादन-शक्तियों के संघर्ष से उत्पन्न खतरे के सम्बन्ध में पश्चिमी यूरोप के सोद्‌देश्य प्रयत्न कौशल प्रथा के सम्बन्ध में अन्तरराष्ट्रीय समझौतों और उत्पादन और व्यापार के एक निश्चित विभाजन के अतिरिक्त और कुछ नहीं कर सके। निर्णायक राष्ट्रों के पूँजीपतियों में गुप्त या प्रकट रूप में ऐसे समझौते हुए और तेल, रसायन तथा चीनी जैसे क्षेत्रों में चल चुके हैं। जब तक समझौते चलते हैं, तब तक विभिन्न पूँजीवादी राष्ट्रों के बीच संघर्ष के कारण हटाने में सहायक होते हैं, किन्तु युद्ध रोकने में पूर्णत: समर्थ रहते हैं। इसके अतिरिक्त पश्चिमी यूरोप के पास युद्ध का और कोई आर्थिक इलाज न होने के कारण, अन्तरराष्ट्रीय समझौते जब फिर बनेंगे तो विदेशी विनिमय और मुद्रा आदि के व्यापक क्षेत्रों में भी लागू होंगे। इससे

दुबारा युद्ध छिड़ने में विलम्ब करने में तो सहायता अवश्य मिलेगी, पर वह न केवल इस कारण, कि विभिन्न महत्त्वपूर्ण राष्ट्रों में व्यापक आर्थिक सम्बन्ध हो जाएँगे, बल्कि अधिकांशतः इस कारण कि युद्ध के बाद कुछ बड़े राष्ट्रों के आर्थिक पतन होने से प्रतिस्पर्द्धा कम हो जाएगी। किन्तु ये समझौते स्थायी नहीं हो सकते, क्योंकि एक ओर इन पर औपनिवेशिक शक्ति के घटते हुए लाभ का दबाव पड़ेगा और दूसरी ओर उत्पादन तथा वैदेशिक व्यापार के स्थायी विभाजन पर क्षेत्रीय परिवर्तनों का। ये युद्ध में विलम्ब कर सकते हैं, किन्तु उसे रोक नहीं सकते। यह भी सम्भव है कि उत्पादन, मुद्रा और व्यापार सम्बन्धी इन ढीले-ढाले अन्तरराष्ट्रीय समझौतों के बाद, जो युद्ध हो, वह सचमुच विनाशकारी ही हो।

अमरीका और भारत शेष संसार के दो छोरों को आकर्षित करने वाली चुम्बकीय शक्ति में उन्नति कर रहे हैं। यदि अमरीका पूँजीवादी पद्धति का नेता बना, तो परिणामस्वरूप पश्चिमी यूरोप में जो कुछ होगा उसका फल बुराई की ओर ही झुकेगा और उससे भारत वैकल्पिक अर्थनीति-निर्माण के लिए मुख्य रंगभूमि बनेगा।

पश्चिमी यूरोप की अर्थनीति के अध्ययन ने उन दिशाओं को स्पष्ट कर दिया है, जिसमें पूँजीवादी तरीका विकसित हो रहा है। उत्तरी अमरीका के महादेश के पक्ष में होने वाले प्रयत्न भी इन दिशाओं में से एक हैं। हमें यह पता लगाना है कि इस प्रयत्न में अदल-बदल होती है, या मुख्य दिशाओं में किसी एक का इसके द्वारा सुधार होता है या नहीं। हमारे उद्देश्य के लिए, इस बात की अधिक आवश्यकता नहीं है, कि जापान के अवशिष्ट बड़े पूँजीवाद का विस्तारपूर्वक अध्ययन किया जाए, क्योंकि यह थोड़ा-बहुत पश्चिमी यूरोप की पद्धति पर ही साथ-साथ विकसित हो रहा है। इतनी बात अवश्य है कि यहाँ केवल तहों का अलगाव सरल है और बहिष्कार अपेक्षाकृत धीमा है। पूँजीवादी पद्धति के औपनिवेशिक योग के रूप में मानव-जाति की

दो-तिहाई के सिलसिले में, भारतवर्ष के सम्बन्ध का हमारा अध्ययन, अधिक या कम चीन, व्यावहारिक रूप से सारे एशिया, अफ्रीका और दक्षिण एवं केन्द्रीय अमरीकी लोकतंत्र के विस्तृत जन-समुदाय के लिए लागू होगा। इन सभी अर्थनीतियों को बताने के लिए मानो दर्पण बना हुआ है।

तीन पश्चिम यूरोपीय देशों जर्मनी, फ्रांस और ब्रिटेन की सम्मिलित उत्पादन-शक्ति की अपेक्षा अमरीका की उत्पादन-शक्ति अधिक है। वस्तु-निर्माण और खान के सम्बन्ध की इसकी उत्पादन-शक्ति तो सम्पूर्ण यूरोप की उत्पादन-शक्ति से भी अधिक है, जो विश्व-अर्थनीति के अन्तरराष्ट्रीय, सम्बन्ध में अधिक महत्त्व रखती है। परन्तु इस आर्थिक विस्तार में अमरीका ने अपनी आन्तरिक गत्यात्मक शक्ति को समाप्त कर लिया है और अमरीकी गोलार्द्ध के अन्य देशों से प्राप्त होने वाली गत्यात्मक शक्ति को भी नष्ट कर दिया है। अब आगे विस्तार का प्रश्न ही नहीं है। अभी तो अमरीका के सामने उत्पादन के निम्न स्तर में उपस्थित कठिनाई को रोकने की समस्या उपस्थित है।

अमरीका की वार्षिक राष्ट्रीय आय के द्वारा प्रकट उनका महानतम उत्पादन, जो कि 13 करोड़ की जनसंख्या में प्रति व्यक्ति 1400 रुपये के लगभग होता है, पश्चिमी यूरोप के तीन राष्ट्र—ब्रिटेन, फ्रांस और जर्मनी के पूर्णांक की एक और तीन-चौथाई के साथ अनुकूल पड़ता है। इन तीनों राष्ट्रों की जनसंख्या 16 करोड़ और औसतन प्रति व्यक्ति उत्पादन 750 रुपये होता है। ऐसा सुझाव दिया जा सकता है कि अमरीका में निर्वाह-मूल्य की अधिकता और सेवा के क्षेत्र का अधिक विस्तार इस संख्या को गड़बड़ा सकते हैं। देश के उत्पादन की योग्यता का मूल्य-निर्धारण अधिक स्थिर आधारों पर होना चाहिए। 1937 में विश्व के सम्पूर्ण आरम्भिक उत्पादन में यूरोप का हिस्सा 21 मिलियन डॉलर था। सोवियत रूस के साथ यूरोप का भाग 28 मिलियन डॉलर था, जबकि अमरीकी और कनाडा के साथ

उत्तरी अमरीका का हिस्सा केवल 15 मिलियन डॉलर था। फिर भी ये संख्याएँ पूर्ण और स्पष्ट चित्र नहीं देती हैं, क्योंकि खाद्यान्न और अन्य कृषि सम्बन्धी उपज के आधार पर ये संख्याएँ बनाई गई हैं। कृषि के अतिरिक्त के उत्पादन में ही सीमित रहने पर पता चलता है कि रूस के साथ यूरोप ने 39 प्रतिशत उत्पादन किया था और रूस के हटा देने पर उसका उत्पादन केवल 30 प्रतिशत रहा, जबकि उत्तरी अमरीका ने विश्व के सम्पूर्ण उत्पादन का 40 प्रतिशत भाग उत्पादित किया था। उद्योग और निर्माण-कार्य में व्यवहृत ये कृषि-अतिरिक्त उत्पादन, अमरीका की उत्पादन योग्यता की जानकारी देते हैं, जो योग्यता रूस के साथ सम्पूर्ण यूरोप की योग्यता का अतिक्रम करती-सी दिखाई गई है। अमरीका की उत्पादन-शक्ति में कनाडा की उत्पादन-शक्ति वहाँ अन्तर्भूत है, इस बात से कोई नया तथ्य नहीं प्रकट होता है, क्योंकि अपेक्षाकृत यह अत्यल्प और अधिक या कम अमरीका के साथ ही संलग्न है। इसके अलावा 1937 के कुछ उत्पादन आँकड़ों से, विश्व अर्थनीति में अमरीकी उत्पादन की गुरुता के प्रमाण प्राप्त किये जा सकते हैं। पुनः शस्त्रीकरण को ध्यान में रखते हुए यह स्मरण करने की बात है, कि यूरोप के लिए, खासकर, यह वर्ष सुविधाजनक था।

	यूरोप रूस के बिना	यूरोप रूस के साथ	उ. अमरीका
कच्चा माल	24%	34%	35%
जलावन और शक्ति	30%	38%	47%
द्रव्य	24%	36%	34%

यह अच्छी तरह मालूम है कि 1929 में अमरीका से संसार के पेट्रोलियम के 65% से अधिक अपने यहाँ उत्पन्न किया था। और इस अनुपात को अधिक नहीं गिरने दिया था। एक समय तो विश्व के ऑटोमोबाइल्स का 80% अमरीका ने उत्पन्न किया था। इस्पात और रुई में तो इसने विश्व-

उत्पादन का आधा स्वयं किया था। 1939 के विश्वयुद्ध ने अमरीकी उत्पादन-क्षमता को निश्चय ही आगे बढ़ाया है। अब विश्व-अर्थनीति में अमरीका का नेतृत्व अद्वितीय है।

यदि अमरीका की उत्पादन-शक्ति एक ओर इस आश्चर्यजनक ऊँचाई पर चढ़ गई है, तो दूसरी ओर यह उस चोटी पर पहुँची हुई है जहाँ से नीचे की राह भी साफ दीख रही है। यदि 1929 को 100 मान लिया जाए, तो उसके आधार पर 1937 में अमरीका की खान और वस्तु-निर्माण सम्बन्धी स्थिति का पतन 93 तक हो गया। 1938 में यह स्थिति 73 तक पहुँच गई। ऑटोमोबाइल्स 89 और 46 तक नीचे उतर आया। उत्पादकों के पूँजीगत मालों की सूची 1939 में 87 और 1938 में 54 तक नीचे उतर गई। अमरीका ने आन्तरिक गत्यात्मकता नष्ट कर ली है।

ऐसा मालूम होता है कि रेल और उसके सहायक व्यवसाय, आन्तरिक सड़कें और ऑटोमोबाइल्स व्यवसाय में विस्तार अपनी सीमा तक पहुँच चुका था। 1929 में विश्व के सम्पूर्ण ऑटोमोबाइल्स के 62 लाख के उत्पादन में इसका उत्पादन 50 लाख था, जो कि सभी समयों के लिए रेकॉर्ड है। यहाँ तक कि विद्युत उत्पादन का विस्तार केवल इसलिए किया जा सकता है कि ह्रास को जीता जाए, न कि इसलिए कि विस्तार आवश्यक है। आन्तरिक खाद्यान्न और वस्त्र के उपभोग में विस्तार की अधिक गुंजाइश नहीं है। पश्चिमी यूरोप के शाही उपनिवेशों के साथ अधिक सम्बन्ध रखे बिना ही अमरीका ने दक्षिणी अमरीका से प्राप्त होने योग्य सभी गत्यात्मक शक्तियों को समाप्त कर लिया है।

अमरीका को जिस स्थिति का सामना करना पड़ रहा है, वह यह है कि बढ़ी हुई आबादी और वैज्ञानिक विकासों के 1929 से 1938 तक के 10 वर्ष वाले काल में पूँजीगत माल का उत्पादन सूचनांक 87 पर उतर आया और इसके विपरीत यूरोप का सूचनांक 111 तक पहुँच गया। ऐसा

विदित होता है, कि पूँजीवादी अर्थनीति का नेता राष्ट्र शीघ्र विस्तारहीनता और पीछे की ओर जाने के भाव का अधिक शिकार होता है, अपेक्षाकृत दूसरे सदस्य राष्ट्रों के। जबकि 1939 का विश्वयुद्ध समाप्त हो चुका है, पश्चिमी यूरोप के कुछ पूँजीवादियों को, किसी-न-किसी रूप से आन्तरिक पुनर्निर्माण को कार्यान्वित करने की कुछ सुविधा मिलेगी ही, पर संयुक्त राष्ट्र अमरीका को युद्ध-जनित विनाश को ठीक करने के लिए ऐसी अतिरिक्त प्रेरणा की आवश्यकता नहीं है। सीमित नवीन व्यवसाय के उत्पादन और उपभोग में जीवित रहने के लिए कुछ वर्षों का लगना सम्भव है। इस प्रकार संयुक्त राष्ट्र अमरीका अपनी विस्तृत उत्पादन-शक्ति को काम में लाने में समर्थ हो जाएगा, यदि वह मध्य-युद्ध में प्राप्त साधनों को युद्धोत्तर विश्व-व्यापार में न लगाएगा। अन्य किसी बात की अपेक्षा, संयुक्त राष्ट्र अमरीका के एकाकी-भाव के नाश का प्रबल कारण इसके ऊपर वाली बात में है। संयुक्त राष्ट्र अमरीका की उत्पादन-शक्ति के कारण ही उसे विश्व-व्यापार में लगना पड़ेगा। उसकी अवस्था इस बात की माँग करती है कि स्वेच्छा से व्यापार को बढ़ाने के लिए एक संसार चाहिए। अत्यधिक आत्मनिर्भर अर्थनीति अपने उत्पादन के बदले में क्या चाहेगी, इस प्रश्न को छोड़ देने पर भी, अमरीका को गरीबी में भारी भय का सामना करना पड़ेगा और मानव-जाति की दो-तिहाई के अविरोध का भी, यदि औपनिवेशिक गरीबी पश्चिमी यूरोप के पूँजीवाद को आरम्भिक रूप से बहिष्कृत करती है, तो निश्चय ही अमरीकी उत्पादन-शक्ति का व्यवहार भी, यह कम करेगी। पूँजीवाद के जीवन के लिए सबसे महत्त्व का प्रश्न तो यह है कि क्या पूँजीवादी अर्थनीतियों का अग्रणी इस योग्य होगा, कि वह औपनिवेशिक गरीबी का सामना यूरोपीय पूँजीवादों की अपेक्षा अधिक अच्छी तरह कर सकें? परन्तु विश्व सीमित है। साम्राज्यवाद के विस्तार का क्षेत्र बँध गया है। उपनिवेशों की बढ़ती गरीबी, पूँजीवादी

अर्थनीति में संकोच उत्पन्न करती जा रही है, जो पूँजीवादी अर्थनीति पहले उससे लाभ उठा रही थी।

पूँजीवादी अर्थनीतियों के अग्रणी को बहुत शीघ्र ही पता लगना है कि क्या बाहरी गत्यात्मक शक्ति का विस्तार अपने ही लाभ के लिए ही कर सकता है? क्या यह सम्भव है अपने साम्राज्य के उपनिवेशों के पथ से विश्व-व्यापार को हटाकर उसे व्यापारों, राष्ट्रों के उपभोग और उत्पादक यंत्रों में विस्तार की ओर ले चलने वाले रास्ते में लगाया जाए? अमरीका की अर्थनीति को, अपने को जीवित रखने और अपनी उत्पादन-शक्ति के पूर्ण व्यवहार के लिए, इस प्रश्न का समाधान करना होगा, ताकि विश्व-कल्याण के लिए या उपनिवेशों की भलाई के लिए। यदि इस प्रश्न का कोई उत्तर न हो, संयुक्त राष्ट्र के पूँजीवाद को निश्चित रूप से बहिष्कार की प्रवृत्ति या वर्ग के जाति में रूपान्तर को स्वीकार करना पड़ेगा, जैसा कि पश्चिमी यूरोप के साम्यवादों में हमने देखा है। पश्चिमी यूरोप से अपने को भिन्न रखने वाली यदि कोई विशेष शक्ति अमरीका के साम्यवाद में हो, तो उसका पता लगाना होगा। पर, ऐसा करने के पहले, विश्व अर्थनीति जिन खतरों में है, उनके विस्तृत क्षेत्र का ही, सामान्यतः अध्ययन करना उचित है।

आज विश्व-अर्थनीति को सबसे बड़ा खतरा मानव-जाति की दो-तिहाई के उत्पादन यंत्रों से है। ये यंत्र, उन्नत कला और विकासोन्मुख विज्ञान की सुविधा से वंचित हो, विदेशी पूँजीवादों के भार के अन्दर पिस रहे हैं। इन यंत्रों में लगे श्रम भी क्रमशः निष्फलता ही प्राप्त करते जा रहे हैं। इस यंत्र में लगे 5000 करोड़ श्रम-घंटे पूँजीवादी अर्थ-नीतियों द्रव्योत्पादक 250 करोड़ श्रम-घंटों के बराबर हैं।

मानव-जाति के उत्पादक यंत्रों के इस असन्तुलन के साथ ही उनके राजनीतिक और अस्त्र-शस्त्र सम्बन्धी बल में भी भारी असमानता है। इस असन्तुलन के तीन मुख्य रूप हैं। एक रूप यह है कि क्या विश्व के

उत्पादक औजार सभी भौगोलिक परिस्थितियों में उस उत्पादन की क्षमता को प्राप्त कर सकते हैं, जिस क्षमता को किसी सुविधाजनक परिस्थिति में पाया जा चुका हो? यदि यह सम्भव नहीं, तो क्या पिछड़े राष्ट्रों के औजार को इस प्रकार फिर से बनाया जा सकता है कि विश्व उत्पादन में प्रति श्रमिक जो सामान्य हिस्सा पड़ता है, उतना फल दे सकें। ये दो रूप पिछड़े राष्ट्रों के क्रियात्मक कार्यों से सम्बन्ध रखते हैं। वर्तमान पूँजीवाद का इनसे कोई सम्बन्ध नहीं हो सकता है। ये केवल मदद पहुँचा सकते हैं, जब कभी उसकी आवश्यकता हो।

परन्तु, एक तीसरा भी पहलू है। इसके साथ वर्तमान पूँजीवाद का सम्बन्ध आवश्यक है। वह पहलू यह है कि उपनिवेशों के श्रम-घंटों का उत्पादन-फल कम होना, वह भी उस संसार में, जहाँ किसी नये को आने की इजाजत नहीं है और जो पहले से हैं, उन्हें अपने पर निर्भर रहने को ठगा जाता है। प्रतिहत लोगों के गिरते प्रतिफल से स्वतंत्र अर्थनीतियों के उन्नत यांत्रिक व्यवसाय को आघात पहुँचता रहा है। एक समय था, जबकि यंत्रीकरण सफलतापूर्वक होता जाता था, जब कभी किसी नवीन का संयोग मिलता था, पर अब इसकी विपरीत-स्थिति, जो सदा ही दीख रही है, रोकी नहीं जा सकती है। औपनिवेशिक वृत्त के बाहरी घेरे पर अधिकाधिक संख्या में जन-समूह फेंके जा रहे हैं। यह समूह, न तो विदेशी उत्पादन के बाजार के रूप में वर्तमान हैं और न विदेशी पूँजी के लिए व्यय-क्षेत्र के रूप में। उनके उपभोग को उन्नत करना सदा नैतिक और मानवी दृष्टि से आवश्यक रहा है। परन्तु अब यह स्वतंत्र पूँजीवादी अर्थतंत्र के लिए आर्थिक आवश्यकता में भी परिणत हो गया है। पिछड़े जनसमूह के उत्पादक औजारों में तरक्की लाकर ही इस कार्य को किया जा सकता है। ऐसा करने का अर्थ है, आन्तरिक वितरण को इस प्रकार सुधारना कि बढ़ी हुई उपज में अधिक-से-अधिक व्यक्ति कुछ भी हिस्सा अवश्य प्राप्त कर सकें। पिछड़े

समूह के उत्पादक और वितरक औजारों के इस सुधार में पश्चिमी यूरोप की अर्थनीतियाँ असमर्थ रही हैं। सस्ती चीजों की बिक्री में क्षणिक वृद्धि से अधिक, जापानी अर्थनीति भी इसके सुधार में असमर्थ है।

इस विश्व-समस्या के साथ, रूसी अर्थनीति भी आर्थिक दृष्टि से अब तक सम्बन्धित नहीं हो सकी है। हमें देखना है कि विश्व अर्थनीति के इस महान प्रश्न को नया मोड़ देने में संयुक्त राष्ट्र अमरीका का प्रमुख पूँजीवाद, यदि सम्भव हो तो, कितनी दूर तक समर्थ हो सकता है। प्रतिशत समूह भी स्वयं किस प्रकार अपने उत्पादक और वितरक साधनों की पुनः सुधारने का प्रयत्न कर सकता है, यह भी हमें देखना है।

विश्व की दो-तिहाई में पिछड़े साधनों से इसके बाद का दूसरा खतरा है, वर्तमान कौशल का खतरा। भारी और व्यापक इकाई का कौशल आज की दुनिया का तरीका हो गया है, जिसमें कुछ शक्तिशाली राष्ट्रों को व्यवसाय में विज्ञान के उपयोग की पूरी सुविधाएँ उपलब्ध हैं। इन सभी कौशलों को विश्वव्यापी नहीं बनाया जा सकता है। इसी रूप में, यदि भारत और चीन की अपने जहाज मरम्मत के कारखाने, जलचक्की और सूती निर्माणी बनाने हों, तो उन्हें निश्चित रूप से अपने धन खर्च करने पड़ेंगे और इस प्रकार वे विश्व सम्पत्ति में कुछ बढ़ाएँगे ही, पर साथ ही वे जापान एवं ब्रिटेन में पूँजीवादों की उत्पादकता से काफी सहायता भी लेंगे, जो पूँजीवाद अब तक इन आवश्यकताओं की पूर्ति कर रहे थे। किसी भी अग्रसोची मानव के भविष्य के लिए इस प्रश्न को एक प्रकार से हम लोग कठिन मान सकते हैं। कोई भी स्वतंत्र राष्ट्र, दूसरे का धन कम न हो, इसके लिए अपना धन खर्च नहीं कर सकता है। इसी प्रकार संसार के सभी राष्ट्र जन-श्रम के परिणाम में समान भाग लेना पसन्द नहीं करेंगे। इसलिए अर्थनीति में वर्तमान विधि के उपयोग और उसके साथ ही, राष्ट्रों के धन में साधारण परिवर्तन आवश्यक है।

वर्तमान कार्यविधि के खतरे का भयावह पहलू कहीं और है। यह विज्ञान के असम व्यवहार तथा विविध मानवीय माँगों के व्यापक उत्पादन में निहित है। यदि सभी प्रकार के मालों का असीम मात्रा में उत्पादन सम्भव हो, तो यह खतरा नहीं रहता। परन्तु, किसी भी युग की और किसी प्रकार की अर्थनीति में ऐसा होना असम्भव है। यहाँ तक कि रोटी और दूध जैसी प्रारम्भिक आवश्यकता की चीजों की नगरपालिका द्वारा बिना-कीमत प्राप्ति का साधन अब तक मनुष्य नहीं खोज सका। सम्भवत: सामाजिक स्वामित्व के अधीन अत्यन्त बुद्धिमानी से संचालित अर्थनीति में जल की तरह ही रोटी और दूध की प्राप्ति का प्रबन्ध कीमत के बिना मनुष्य कर सके और वह भी निश्चित समान-अंश में, पर इसके लिए बहुत लम्बे समय की जरूरत है। सामान्य रूप से अर्थनीति को, चाहे स्वामित्व और प्रबन्ध कैसा भी क्यों न हो, कीमत और कमी की अर्थनीति होनी चाहिए। दयालु परमात्मा हम लोगों को कामधेनु दे या आदम के स्वर्ग में फिर वापस ले जाए, तो दूसरी बात है। हम लोग कीमत के विधान से बच नहीं सकते। पूँजीवादी अर्थनीतियों में, इस मूल्य विधान ने इस युद्ध की आवश्यकताओं से मिलकर विज्ञान का दलगत व्यवहार तो किया, पर इसका सर्वत्र व्यवहार नहीं किया है। किसी भी समय में विज्ञान और व्यापक-उत्पादन, मानवी माँगों को दुनिया में अपने लिए थोड़ा भूखंड अवश्य पा जाते हैं। यह विशिष्ट माँग पूर्ति की दृष्टि से अधिक लाभप्रद होती है और इस क्षेत्र की उत्पादन-शक्ति विस्तार की दिशा में प्रेरित होती है। यह भारी यंत्रों, व्यापक इकाई के कौशल और व्यापक उत्पादन का आधार है। रूस की सोवियत अर्थनीति ने लाभ की प्रकृति को हटा दिया है, पर पूँजीवाद के यांत्रिक आधार, इसके विज्ञान के दलगत व्यवहार और इसकी एकतरफा व्यापक इकाई के कौशल को उसने अपना लिया है। किसी भी अर्थनीति में स्वामित्व का रूप और उसकी विधि या कौशल, दो स्वतंत्र चीजें हैं, इसलिए इनका अलग-अलग

अध्ययन होना चाहिए। ऐसा नहीं होने से विशेष प्रकार की विधि का प्रयोग विशेष प्रकार के व्यवसाय में ही होने से विशेष प्रकार के व्यवसाय में ही होने लगेगा। सम्भव है कि वह कभी विस्तारित हो और कभी दूसरी पारी में असफल। यह अपेक्षाकृत अच्छे स्वामित्व और सामान के लिए परिवर्तन किये जाने पर बाधा पैदा करने के लिए विदेशी शोषण के लिए, युद्धशास्त्र में खूब सोच-विचार कर उपस्थित की गई रुकावट के लिए और सर्वाधिक एवं सामाजिक समझ के निराशामय अनुचित वितरण के लिए और धन के असम बँटवारे के लिए प्रयुक्त हो। व्यापक इकाई की विधि और विज्ञान के दलगत प्रयोग वाली अर्थनीति कभी भी सन्तुलन प्राप्त नहीं कर सकती है।

कुछ आवश्यकताओं के साथ सादगी की जिन्दगी में रहने की माँग के साथ इस विधि या कौशल को मिलाकर सन्दिग्धावस्था नहीं उत्पन्न करनी चाहिए। साधारण स्थान सम्बन्धी विकेन्द्रीकरण के लिए तर्क के रूप में इसे उपस्थित करना नहीं चाहिए। यह विकेन्द्रीकरण का विचार आज फैशन-सा चल पड़ा है। इसका सीधा-सादा भाव यही होता है कि वर्तमान पद्धति या कार्य-विधि को अनेक रूपों में बाँट दिया जाए, और विभिन्न क्षेत्रों के विभिन्न निर्माणियों में उनमें विशेष योग्यता प्राप्त की जाए। यह तर्क हस्तकौशल का समर्थक तो नहीं हो सकता है, पर यंत्र और यांत्रिक एवं विद्युत सम्बन्धी बल के निषेध के लिए शायद ही कुछ काम में आवें। ये सभी पहलू टेकनिक (विधि) की वर्तमान समस्या में परिवर्तन कराने वाली शाखाएँ हैं। मौलिक समस्या यह नहीं है कि यांत्रिक या वैद्युतिक बल में कमी की जाए, बल्कि इसे छोटी मात्रा में भी उत्पादन के लिए उसी प्रकार प्राप्य बनाना है, जैसा कि उन्नतिशील अर्थनीति में यह प्रकाश, वायु या गर्मी के लिए उपभोज्य के रूप में उपलब्ध है। इससे काम में आने वाली विद्युत-मात्रा और अश्वशक्ति में वृद्धि अवश्य होगी। ऐसा प्रतिशत जनसमूह के लिए आवश्यक है। इस प्रकार प्राप्त शक्ति एक प्रकार से, सभी प्रकार के कामों के मिलने से बनेगी

और इसके साथ ही छोटी इकाई के यंत्र वस्तुओं के छोटे-छोटे टुकड़े नहीं, बल्कि सम्पूर्ण माल ही उत्पन्न करने लगेंगे। ऐसा करने के लिए विज्ञान में एकदम नवीन रूप से आरम्भ करने की आवश्यकता होगी, जो कि एक प्रकार से लचकदार लघु-इकाई की टेकनिक की तरह ही है। यह सफलता तुरन्त नहीं प्राप्त होगी। जलचक्की और मोटर आदि के निर्माण के क्षेत्र में यह एकदम सम्भव भी नहीं मालूम पड़ती है। परन्तु अर्थनीति को, लचकदार टेकनिक को प्राप्त करना ही अपना उद्देश्य बनाना चाहिए। केवल इस प्रकार की अर्थनीति ही सुखद-विस्तार, धन का समान बँटवारा और सामाजिक समझदारी को प्राप्त करने की आशा कर सकती है। केवल इस प्रकार की अर्थनीति ही ऐसा सन्तुलन पा सकती है, जिसमें विज्ञान के चतुर्मुखी प्रयोग की संगति में मनुष्य के विभिन्न भागों का सुन्दर संयोग रहता है।

इसी प्रकार, शायद जहाँ संस्कृति, आंशिक किन्तु अनुचित प्रसार के साधनों के अधीन है, उस श्रृंखला के स्थान पर संस्कृति और अर्थ (सम्पत्ति) शायद सर्वतोमुखी और क्रमिक विकास में सम्मिलित सहयोगी बन सकते हैं। हमने देखा है कि सुविधा प्राप्त तथा राज्यसत्तात्मक, पश्चिमी यूरोप अपनी विगत यंत्र रचनात्मकता के बोझ से इतना दबा हुआ है कि वह लचीली विधियों (विधान, प्रणाली, तरीके) को ग्रहण नहीं कर सकता, और सोवियत रूस नये प्रकार के वैज्ञानिक ढंगों के प्रयोगों के लिए तैयार नहीं जान पड़ता। अब हमें यह देखना है कि अमरीका के पास इस दिशा में कुछ प्रदान करने के लिए है या नहीं, वह भी विशेषकर तब, जब संत्रस्त राष्ट्र नये प्रकार के विधान को उपस्थित करने के लिए प्रचुर समझ और साहस इकट्ठा कर सकते हैं।

विश्व-सम्पत्ति के वैयक्तिक अधिकार तथा उससे सम्बद्ध वितरण से तीसरा खतरा है। पूँजीवाद के आलोचकों ने इस खतरे को उत्पादन की शक्तियों तथा उत्पादन के सम्बन्धों को संघर्ष या उत्पादन और क्रयशक्ति या उपभोग के बीच का अन्तर, जैसी उक्तियों के बीच रखा है। जो लोग अर्घ्य-

श्रमिक-सिद्धान्त और बचत के अर्घ्य का सिद्धान्त जैसे सैद्धान्तिक आधार को अस्वीकार करते हैं, वे भी पूँजीवाद के प्रधान दोष, वर्द्धमान उत्पादन और संकोचशील उपभोग के बीच के संघर्ष की चर्चा करते ही हैं। जो हो, सत्यता यही है कि उस समाज में भी, जहाँ वार्षिक आय का एक बड़ा अंश पूँजीपतियों और जमींदारों के द्वारा अपहृत कर लिया जाता है, संकोचशील उपभोग का कोई कारण नहीं है। उपभोग में इस प्रकार का भिन्नत्व उपस्थित होता है कि विलास की सामग्रियाँ सम्पत्ति में अपना अनधिकृत प्रमुख स्थान रखने लगती हैं। अधिकारियों को तो नहीं, किन्तु मजदूरों और छोटे लोगों की क्रय-शक्ति सीमित (अवरुद्ध) हो जाती है; जिससे विलास की सामग्रियों का अधिकाधिक उपयोग होने लगेगा और उत्पादन तथा उपभोग के बीच अन्तर नहीं रह जाएगा। सम्भव है कि पूँजी की पूरी आय उपयुक्त नहीं होती और इसका बड़ा अंश बच जाता हो। यह बचत उससे भी अधिक हो सकती है। इस अवस्था में उपभोग में कमी हो जाएगी। किन्तु तब यह लागत की कमी या उत्पादन की अभिवृद्धि की अयोग्यता ही होगी। वास्तव में इसी प्रकार पूँजीवाद के संरक्षक परम्परागत आलोचकों के तर्क या कुतर्क से व्यापार-चक्रों तथा मूल्य-न्यूनता का रूप उपस्थित करते हैं। उनका विश्वास है कि जिस समय पुरानी माँग समाप्त हो जाती है, वैज्ञानिक प्रवृत्ति समाप्त (लुप्त) हो जाती है और कोई बड़ा आविष्कार नहीं होता, उत्पादन की शक्तियाँ दुर्बल पड़ जाती हैं। इस प्रकार प्रारम्भ किया गया, पूँजीवाद के परम्परागत आलोचकों द्वारा प्रतिपादित अल्प क्रय-शक्ति तथा संकोचशील उपभोग के सिद्धान्त ने अपर्याप्त लागत का पूरा चक्र तैयार किया है और अपने संरक्षक के हाथ में उत्पादन की शक्तियों को दुर्बल बना दिया है। उन सभी सिद्धान्तों की यही गति होती है, जिसमें आंशिक सत्य रहता है। कुछ समय के लिए वे बहुत ही साफ और भड़कीले जान पड़ते हैं और तब वे व्यापक रूप में साधारणीकृत जान पड़ने लगते हैं।

हम लोग इन भूलों की उत्पत्ति का कारण जानते हैं और यह भी जानते हैं कि उत्पादन, उपभोग तथा बचत पर भावात्मक विचार करना या अलग की गई पूँजीवादी सम्पत्ति को एक इकाई के रूप में विचार करना कितनी बड़ी भूल है। हम लोगों ने इन्हें आन्तरिक पूँजीवादी चक्र और बाह्य औपनिवेशिक चक्र के अति-जटिल द्वन्द्व की श्रेणी में देखा है। पूँजीवादी विकास स्वतंत्र सम्पत्ति की प्रसारात्मक, साधनात्मकता और सम्प्राप्त सम्पत्ति की संकोचशील साधनात्मकता के बीच के संघर्ष पर आधारित है।

अर्घ्य के साधारण सिद्धान्त से सम्बन्ध रखने वाले सभी प्रश्नों को हम छोड़ते ही चलें। इस विवेचन के प्रारम्भ में यदि (अर्घ्य) शब्द का व्यवहार हुआ है, तो वह प्राय: मार्क्स के आर्थिक विचारों को समझाने के लिए ही। और जहाँ बचत को अर्घ्य के सिद्धान्त से ठीक करने की चेष्टा की गई है, वहाँ राजनीतिक और समृद्ध असमता के क्षेत्र में काम करने वाली स्वार्थपरता के उद्गम और विस्तार के अतिरिक्त यह अन्य किसी वस्तु का द्योतक नहीं है। आर्थिक जाँच का अत्यन्त ही फलप्रद विषयक क्रय शक्ति अर्घ्य और उसकी माप है। किन्तु जितना फल मिला है, वह इस विषय पर किये गए परिश्रम के अनुपात में बहुत ही कम है। अर्घ्य के सभी प्रचलित सिद्धान्त श्रम के सिद्धान्त अथवा माँग और पूर्ति सिद्धान्त के ही रूपान्तर हैं। जीवन के आर्थिक पदार्थ को समझने में कोई सिद्धान्त सहायक नहीं बनता, क्योंकि सिद्धान्त अथवा माँग और पूर्ति सिद्धान्त के ही रूपान्तर हैं। जीवन के आर्थिक पदार्थ को समझने में कोई सिद्धान्त सहायक नहीं बनता, क्योंकि सिद्धान्त अपरिवर्तनशील और शाश्वत होता है जबकि पदार्थ तरल और ऐतिहासिक होता है। हम लोगों ने देखा है कि अर्घ्य के माप के लिए श्रम की अवधि की जो सामाजिक आवश्यकता मार्क्स के अनुसार है, वह किस विज्ञान के उपयोग में राजकीय औपनिवेशिक असमता के समक्ष किस प्रकार उलटा पड़ा है। इस सिद्धान्त में वास्तविक महत्त्व की चीज केवल

इसका यही आदेश है और आधार यह है कि श्रम की अवधि टिम्बकटू में या सिडनी में या कहीं भी करीब-करीब बराबर उत्पादन कर सके और इसे करीब-करीब बराबर का उपभोग भी दिया जा सके। इसी पूर्ति और माँग का सिद्धान्त सीमान्त इकाई तथा अपेक्षाकृत अधिक काम के रूप में भी जानबूझकर उसे जबर्दस्ती आरोपित शर्त को, जिसको अन्दर क्रय-विक्रय का समुचित कार्य होता है, इनकार करता है। यह सिद्धान्त सम्भवत: लेखा तथा औद्योगिक प्रबन्ध के सिद्धान्त के रूप में काफी अच्छा है, किन्तु अधिकार और शासन के परिवर्तित होने वाले रूपों या आधारित बदली हुई सम्पत्ति के अर्घ्य के प्रदर्शक के रूप में यह अत्यन्त ही दुर्बल सिद्ध होगा। सम्भवत: यह सब विवाद उस प्रश्न से उत्पन्न हुआ है जो है ही नहीं, अर्घ्य क्या है, यह पूछना वैसा ही, जैसा यह पूछना कि ईश्वर क्या है? तत्त्वदर्शन के लिए यह प्रश्न भले ही अच्छा हो, किन्तु अर्थशास्त्र के लिए तो उचित प्रश्न मूल्य विधि से सम्बन्ध रखता है, जिसके द्वारा ऐतिहासिक शर्तें मुद्रा-प्रकाशन में परिणत हो जाती हैं। इसलिए अर्घ्य विषयक विवाद का परित्याग करें और इसके ध्वंसावशेष से केवल वस्तु को ही ग्रहण करें ताकि श्रम-अवधि किसी भी स्थान पर करीब-करीब बराबर हो, उत्पादन हो सके और किसी भी रूप में करीब-करीब बराबर ही उपभोग करने में समर्थ हो सके, और तब अर्थशास्त्री मनुष्य को कुछ खास परिस्थितियों में उत्पादक-उपभोक्ता के रूप में अध्ययन करें। हम लोगों की जाँच का सम्बन्ध पूँजीवादी विकास से रहा है। हम लोगों ने पूँजीवाद का अध्ययन इस समय की विधि के अनुसार किया है। इससे उन विगत तथा वर्तमान प्रकृतियों पर प्रभाव पड़ा है, जो भविष्य में भी चलती रहती हैं। किन्तु इससे भी अधिक यह जाँच की विधि के लिए प्रसिद्ध है और यह सम्भव और सार्थक भी हो सकता है, कि इस विधि और इस परिणाम पर आधारित सैद्धान्तिक अर्थशास्त्र का तर्क तैयार किया जाए, किन्तु यह तो एक बहुत बड़ा और स्वतंत्र प्रयास होगा। इस

प्रकार का तर्क अनुमानतः पाँच तत्त्वों के विषय का वर्णन कर सके—अपने अर्थशास्त्री व्यवहार में, मनुष्य अपने सम्बन्धित उत्पादन में, उत्पादन-साधन, विश्व-सम्बन्ध, राजनीतिक शासन और अधिकार। निश्चय ही ये श्रम और उत्पादन-साधन के दो तत्त्व होंगे और वे अन्य तीनों तत्त्वों के प्रसंग में क्रिया और प्रतिक्रिया करते रहेंगे।

इस प्रकार पूँजीवादी अधिकार के भयावह परिणाम 'उत्पादन की शक्तियाँ तथा वितरण के रूपों के बीच के संघर्ष' जैसी शक्तियों में निर्धारित नहीं किये जा सकते। इन खतरों को अलग देखना होगा। मानव-जाति की एक-तिहाई के बीच की उपभोग-सतह ही इन सबों से अधिक महत्त्वपूर्ण है। प्रतिशत राष्ट्रों के उत्पादन और वितरक साधनों का ही यह फल है, जो संसार में पूँजीवादी शासन का स्वयं ही परिणाम है। हम लोग यहाँ (1) औपनिवेशिक भुखमरी और (2) विदेश के बने विशेष माल के ह्रासमय उपभोग और अवरोध को ही ध्यान से देखें।

आन्तरिक पूँजीवादी वृत्त के भीतर वितरण की यंत्र-रचना के सम्बन्ध में ही अपने अध्ययन को सीमित करने पर आधुनिक विकास के आधार पर विदित होता है कि अत्यावश्यक वस्तुओं के उपभोग के विरुद्ध विलासिता के उपभोग के प्रति दिया गया जोर बढ़ता ही जा रहा है। पूँजीवादी अर्थनीति अपनी उपलभ्य उत्पादक शक्ति के पूर्ण व्यवहार या विकास में असमर्थ होकर, जो उपाय खोजती है, उसके परिणामस्वरूप बेकारी, सर्वाधिक नौकरी और मूल्य में चढ़ाव और उतार होते हैं, जिनसे मजदूरी पाने वालों को उलटा फल भोगना पड़ता है। इसका नतीजा यह होता है कि आवश्यक भोजन, वस्त्र और निवास का उपभोग मात्र और गुण दोनों दृष्टियों से अत्यन्त हो जाता है। पश्चिमी यूरोप की आबादी की लगभग 20 प्रतिशत जनता की गरीबी रेखा के चारों तरफ के उपभोग के सम्बन्ध में यह कथन सम्भव होता है। जब तक लाभ का ढाँचा और साम्राज्य के उपनिवेशों के उत्पादन

के सम्बन्ध का विश्वव्यापी नाता दृढ़ता से कायम रहते हैं, तब तक इस तबाही के प्रश्न का स्थायी उत्तर न्यूनतम वेतन और सामाजिक सुरक्षा की किसी योजना के द्वारा दिया जाना कठिन-सा ही है। सज्जा और मनोविनोद के लिए आवश्यक वस्तु के इच्छापूर्वक त्याग की मात्रा भी कुछ पाई जाती है, जैसे कि पश्चिमी यूरोप की लड़कियाँ सम्पूर्ण सप्ताह एक शाम खाना खाकर रहना पसन्द करेंगी, जिससे वह अपने वस्त्रों को अगले मनोविनोद की किसी घड़ी के लिए धुलवा सकने में समर्थ हो सकें। कोई इस प्रकार की पूँजीवादी सभ्यता पर निर्भर रह सकता है, जिसमें इस प्रकार के खर्च का सिलसिला है। फिर भी आवश्यक रूप से, अत्यन्त उन्नत पूँजीवाद सम्बन्धी अर्थनीति में ज्यादा प्राप्त पूँजी का कुछ अंश विलास में खर्च होना चाहिए क्योंकि कर-नीति और पूँजी लगाने के लिए, नये क्षेत्र के अभाव के द्वारा इसको प्रोत्साहन मिलता है। यह इसलिए भी ऐसा होता है कि यदि ऐसा न हो, तो उत्पादन की ओर कमी हो जाएगी तथा मूल्य-ह्रास ज्यादा हो जाएगा। संकोचनशील अर्थनीतियों के प्रसंग ये अत्यधिक पूँजीवादी सम्बन्धी मुनाफा विलासिता पर होने वाले खर्च को एक प्रकार के राष्ट्रीय गुण में परिणत कर देता है। वस्तुत: आवश्यक वस्तुओं पर होने वाले अल्प खर्च में भी अनेक श्रेणियाँ हैं, पर इस पूँजीवादी वितरण के भयावह ढाँचे को हम दूसरे शब्दों में, आवश्यक वस्तुओं का कम उपभोग और विलासिता के उपभोग की वृद्धि कह सकते हैं।

परन्तु इधर के पूँजीवाद का वितरण सम्बन्धी खतरा, विलासिता पर जाने वाले बढ़े हुए खर्च और आवश्यक वस्तु पर होने वाले बँधे हुए खर्च की अपेक्षा अधिक गहरा होता जा रहा है। इधर के पूँजीवाद की आशातीत आय को न तो पूरा खर्च ही किया जा सकता है और न उसे पूरा उत्पादन में ही लगाया जा सकता है। इसलिए इसका बहुत बड़ा अंश निश्चित रूप से बेकार पड़ा रहेगा।

यह याद रखना चाहिए कि ये आय, उस व्यवस्था के दानव हैं, जिनके द्वारा तीन पश्चिमी यूरोप के राष्ट्र, संयुक्त राष्ट्र अमरीका और जापान के पूँजीवाद यांत्रिक हिस्से, यंत्र, यातायात एवं शक्ति की इंजिन, और बहुत दूर तक कारखानों में निर्मित वस्तुओं की संसार-भर की माँग को पूरा करते हैं। इस प्रकार यह एक ऐसी सबल शक्ति है, जो विश्व के पूँजीवादी लाभों को इन केन्द्रों में वितरित करती है। परन्तु इस समय वस्तु निर्माण, या पूँजी रूप में व्यय के लिए इन लाभों को फिर से नहीं लगाया जा सकता है कि बढ़ती थकान के तर्कों से हम लोग परिचित ही हैं, फिर भी हम लोग बाहरी गत्यात्मकता के उस पहलू तक ही अपने को सीमित रखेंगे, जो कि इससे लाभ को फिर पूँजी लगाने के रूप में व्यवहृत होने से रोकता है। प्रतिहत अर्थनीतियों में पूँजी लगाने के क्षेत्रों को एक-एक करके हमें देखना है। प्रतिहत अर्थनीतियों को औजारों के व्यवसाय से युक्त करने का प्रयत्न निश्चय ही अधिक खतरनाक है, क्योंकि आरम्भिक लगाई पूँजी जो कुछ भी हो, पश्चिमी पूँजीवाद अपने यंत्र और इंजिनों की बिक्री के रास्ते को इस प्रकार स्वयं अवरुद्ध कर लेंगे। जबर्दस्त राष्ट्र के राजनीतिक और जिसको रोका न जा सके ऐसी प्रतिद्वन्द्विता के प्रभाव की बात छोड़कर, अन्यत्र कोई भी पूँजीवादी राष्ट्र अपने औजारों को बेचना नहीं चाहेगा, पर उसके द्वारा हुए उत्पादक—इंजिन, सूती-यंत्र, जलचक्की, छापाखाना आदि को बेचना चाहेगा। एक वर्ष में जो माँग की जाती है, वह बीस साल की वार्षिक हो जाएगी।[1]

इसी तरह संयुक्त राष्ट्र अमरीका को छोड़कर साही पूँजी प्रतिहत अर्थनीतियों वाले राष्ट्र में निर्मित वस्तु की बिक्री के साथ इस प्रकार मिली

---

1. 1942 के साल में लगभग 1,000 प्रतिशत यंत्रों के हिस्से के प्रसार में संयुक्त राष्ट्र अमरीका ने 2,000 मिलियन डॉलर्स की कीमत के औजारों से कम ही उत्पन्न किया, जबकि सम्पूर्ण उत्पादन 30 से 40 गुना अधिक था। संयुक्त राष्ट्र के औजारों का व्यवसाय युद्धोत्तर काल में मूल्य ह्रास का शिकार होगा, क्योंकि औजार 10 से 40 वर्ष तक ही रह सकता है।

हुई है कि यदि यह अपने यंत्रों को बदले में बेचना चाहे या उनमें पूँजी लगावे, तो यह अपने को बुरी तरह दलित करेगी। यह खतरा, बर्मिंघम और लंकाशायर के बीच के संघर्ष के सुपरिचित पहलू में निहित है। शाही पूँजी ने जलचक्की की अपेक्षा बिजली को बेचना ज्यादा पसन्द किया होता, यदि किसी तरह यह समुद्री तार या किसी और रीति से विद्युतधारा को लाभ के साथ जहाज पर ले जा सकती। यह पूँजी लगातार बल्ब, रेडियो, रेफ्रिजेरेटर आदि ही बेचना चाहती है। यह इनके उत्पादक यंत्रों को बेचने का खतरा नहीं मोल ले सकती है। इन सबों के अतिरिक्त एक आन्तरिक प्रतिद्वन्द्विता भी है, और इसलिए शाही पूँजी अपने उपभोज्य-पदार्थों की बिक्री को कायम रखने का पूर्ण प्रयत्न करती है। वह अपने औपनिवेशिक उत्पादन के नये क्षेत्रों में अपने को लगाना पसन्द नहीं करती है।

आत्मरक्षा की भययुक्त और सुरक्षा वाली यह नीति इस बात से और उत्साहित होती है कि संयुक्त राष्ट्र अमरीका के साथ, अन्य प्रमुख पूँजीवाद अर्थनीतियों से प्राप्त, बढ़े हुए उत्पादन को आत्मसात करने की क्षमता नहीं रख सकते हैं। उनकी भोज्यान्न और कच्चे माल की माँग विस्तार योग्य नहीं है। ब्रिटेन में बढ़े हुए अन्न की उपज और संयुक्त राष्ट्र अमरीका की अरब में तेल सम्बन्धी नीति की खोज, जैसे विकास विश्व-व्यापार पर अपने प्रभाव के रूप में एक-दूसरे को रद्द कर देंगे। इसलिए जब तक कि स्वतंत्रता की वायु प्रतिहत अर्थनीतियों की विधि और उसके विज्ञान को इस प्रकार फलित नहीं करती कि वे कच्चे माल या अच्छे माल को उत्पन्न कर सकें, तब तक इनके भोजन और आरम्भिक उत्पादन को बढ़ाने की समस्या, विश्व-व्यापार पर अपना प्रभाव डाले बिना आन्तरिक प्रश्न बनी रहेगी। मानव मात्र की दो-तिहाई के लिए भोजन और वस्त्र की पूर्ति को बढ़ाना मनुष्य की अर्थनीति का महान कार्य हो सकता है। पर विश्व पूँजीवाद को तब तक इस विषय से उदास रहना चाहिए, जब तक कि

यह अन्तरराष्ट्रीय विनिमय के लिए माल या पूँजी लगाने के लिए प्रतिफल नहीं देता। सीमित कच्चे मालों की अल्प-मजूरी के उत्पादक के रूप में यातायात और जनकल्याण संस्थाओं के करदाता के रूप में और निर्मित वस्तुओं के उपभोक्ता के रूप में औपनिवेशिक जनता की स्वार्थमय शाही पूँजी मिलती है। स्वार्थों के ये विभिन्न क्षेत्र नवीन पूँजी के व्यवहार के लिए कोई मौका ही नहीं देते। जहाँ, प्रतिहत अर्थनीति में नवीन पूँजी का लगना उसके नफा के मार्ग को अवरुद्ध करता है, वहीं विश्व पूँजीवाद का पूर्ण अन्त उपस्थित होता है। इधर के पूँजीवाद का सबसे बड़ा वितरण सम्बन्धी खतरा हैं अनुत्पादक बचत का बड़ी मात्रा में जमा होना और औपनिवेशिक साधनों में लगातार ह्रास का होना।

वितरण सम्बन्धी खतरा के अलावा, वर्तमान पूँजीवादी उत्पादन में बर्बादी और धोखा ही परम्परा को कायम रखता है। इससे भी बुरी बात तो यह है कि यह उपद्रवी तत्त्वों को और महत्त्वपूर्ण बनाता है। सिद्धान्त रूप से हम लोग औद्योगिक संकट और व्यापार-चक्र से अच्छी तरह परिचित हैं। ये उतने पुराने हैं जितना पूँजीवाद स्वयं। हम लोगों ने यह पता लगाया है कि किस प्रकार बाह्य गत्यात्मक शक्ति के स्थानीय अवरोध ने उसे सामान्य संकट की दशा में डाल दिया। परन्तु इस अवस्था में भी क्रमिक ह्रास का अभाव दीखता है। परन्तु सामान्य गड़बड़ी और चढ़ाव एवं उतार जीवन के स्थायी पदार्थों के व्यवसाय में नये लाभ नहीं होते। पूँजीवादी उत्पादन के तरीके व्यापक मात्रा में, दुर्बल जीवन के नये व्यवसाय में बड़े मुनाफे के साथ व्यवहृत होते हैं। 1939 के युद्ध के पहले की शताब्दी के व्यापार, फिल्म, रेडियो, अल्कोहल और अल्प-मूल्य के फैशन के सामान के व्यापार थे। यह कोई सामान्य बात नहीं है। इन व्यवसायों का अभी बहुत विस्तार हो सकता है। हवाई यात्रा और टेलीविजन द्वारा प्राप्त मनोरंजन अभी नई सूची में हैं एवं अनेक भोज्य-पदार्थ और पोषक तत्त्वों के विकास की सम्भावना

है, फिर भी पूँजीवाद जिस स्थायी माँग को पूरा करना चाहता है और व्यापक मात्रा में उत्पन्न करना चाहता है वह है निर्मित भवनों के पहले की माँग। सम्भवत: यह पूँजीवाद को सबसे अन्तिम और महत्त्वपूर्ण देन होगी, पर यह सम्पूर्ण विश्व के लिए नहीं, बल्कि केवल कृपापात्र जनता के लिए ही होगी। पूँजीवाद वहाँ जाता है, जहाँ वह लाभ देखता है। इस उत्पादक मनोभाव को, सज्जा उपभोग के महत्त्व को और अधिक बढ़ाना चाहिए। यह वृत्ति केवल उन वस्तुओं के सम्बन्ध में नहीं होनी चाहिए, जो अधिक आय देने वाले वर्ग में आती हैं, बल्कि व्यापक मात्रा में विभिन्न रूपों में उत्पादित कम मूल्य वाली वस्तु के सम्बन्ध में भी होनी चाहिए, जो दुर्बल उत्पादन के इस विशेष गोलमाल के अतिरिक्त लाभ की अन्ध मनोवृत्ति हमारी सहायता के विस्तार-क्षेत्र से भी दूर कुछ माँगों की पूर्ति को विस्तारित कर देती है। जैसे विस्तार की प्रबल इच्छा थी उसी प्रकार संकोच की भी प्रबल इच्छा है। भारी कल्पना-युक्त सम्भावनाओं की सहायता पाकर बाजार की जागरूकता भयंकर चढ़ाव और उतार उत्पन्न करती है।

आज के पूँजीवाद की उत्पादक शक्ति के व्यवहार का भयंकर पतन युद्ध-सम्बन्धी लालच को अपरिहार्य बना देता है। जब उत्पादन के माल की और यातायात की माँग, पूर्ति की व्यवस्था से अत्यन्त नीचे उतर आती है, तब युद्ध की ओर बढ़ने की लालच उत्पन्न होती है। यदि इस्पात, इंजिन और बिजली के सामान तथा ऐसे ही अन्य पदार्थ जब नागरिकों के व्यवहार के लिए अधिक नहीं खरीदे जा सकते हैं तब जीप, टैंक, बम आदि के रूपों में उनका व्यय भयंकरता से बढ़ने लगता है। कुछ समय के लिए लाखों बेकारों की बेकारी से उत्पन्न असुरक्षा की भावना समाप्त हो जाती है और परास्त पूँजीवाद के मूल्य पर प्रतिहत जनता के राष्ट्र में विजयी राष्ट्र अधिक निर्यात की आशा करता है। इसके साथ ही युद्ध-काल में किया गया नियंत्रित उपभोग युद्धोत्तर नागरिक माँग को उज्जीवित करता है, क्योंकि इससे साम्राज्य

की जनता को अपने युद्धोद्योग को पूरी विकासावस्था पर लाने के लिए श्रम करने का उत्साह मिलता है। यदि किसी प्रमुख पूँजीवाद में उत्पादकों के पूँजी रूपी मालों का सूचनांक बहुत नीचे उतर रहा हो जैसा कि अनुभव से विदित होता है, कि इधर के पूँजीवाद क्रमशः इसके अधिक शिकार अवश्य होंगे, और यदि किसी स्थान पर यह सूचनांक इतना ऊँचा उठ रहा हो कि केवल युद्ध या शस्त्रीकरण द्वारा ही ऐसा सम्भव होता तो ऐसी अवस्था में शासकों की बुद्धिमानी केवल मात्र युद्ध को ही इसका उपाय बताती है तथा उसके लिए उसकी तैयारी करती है। विश्व अर्थनीति में इधर के पूँजीवादी उत्पादन से सबसे बड़ा खतरा इसके सामान्य और विशेष गोलमाल में और इसके द्वारा युद्ध प्रारम्भ कर बचने की कला में है।

यह आश्चर्यजनक है, कि इधर का पूँजीवाद अपने लाभ की भी भारी भूख और नवीन पूँजी लगाने के क्षेत्र के तुलनात्मक अभाव के साथ, अभी भी निश्चित लाभ-प्राप्ति की दर को कैसे कायम किये हुए है? यदि पूँजी अपने लगाए जाने वाले सम्भव क्षेत्रों में लगाई जाए और लाभ को न बढ़ावे अथवा मूल्य को कम करके उत्पादन को विस्तृत न करे, तो क्या इस रीति से, लाभ की दर इतना नीचे नहीं उतर आएगी कि यह ब्याज की दर शून्य बिन्दु पर या उसके आसपास पहुँच जाए। व्यापार में एकाधिकार, इस स्वाभाविक विकास के विरोध में काम करता है। ऐसा एकाधिकार तो केन्द्रित उत्पादन का परिणाम है और जो एक राष्ट्र के द्वारा दूसरे राष्ट्र पर राजनीतिक आधिपत्य के बल पर आधारित है। उत्पादन में एकाधिकार इसलिए होता है कि उत्पादकों के माल के व्यवसायों में प्रतिद्वन्द्वी और खतरा-युक्त साहसिक उद्योग के लिए भारी पूँजी की आवश्यकता होती है, और यह इसलिए भी होता है कि सरकार इसमें सहायता करती है तथा उस व्यवसाय में पूँजीपतियों का राष्ट्रीय और अन्तरराष्ट्रीय आधार पर पारस्परिक समझौता रहता है। विदेशी व्यापार में एकाधिकार और प्रजा की पूँजी का

व्यवसाय में लगना केवल इस रूप में हो सकते हैं कि वे स्वतंत्रतापूर्वक काम करें या वे करेंसी, टेरिफ, खराद, अथवा ऐसे दूसरे साधन अख्तियार करें, जिसमें असुविधा उत्पन्न करने वाले दूसरे प्रतिद्वन्द्वियों को साम्राज्य की सरकार शीघ्र रोक सके। शाही आदेश या भारी यंत्रीकरण के परिणामस्वरूप जो एकाधिकार काम में लाया जाता है वह प्रतिद्वन्द्वी पूँजी को रोक देता है, उत्पादन में कमी कर देता है और मूल्य को बढ़ा देता है उसका उद्देश्य होता है अधिकतम लाभ प्राप्त करना। यदि यह न हो तो उत्पादन बढ़ता जाएगा, विशेषकर प्रतिहत जनता में। यह वृद्धि ब्याज की नाममात्र की दर के समकक्ष ही रहेगी। यथार्थ में, बड़े पूँजीवादों में ब्याज की उत्पादक क्रियाशीलता समाप्त है। परन्तु यह अपना वितरण कार्य करता ही जा रहा है। इससे धनी और धनिक बनते हैं, तो कर्जखोरों का वर्ग अभी तक कायम ही है। परन्तु विकास वाली अर्थनीति में इसका उत्पादन कार्य प्रतिबन्धित है। यहाँ नवीन और पुरातन माँगों के सम्बन्ध का साहसपूर्ण उद्योग बराबर सहायता पाते रहते हैं और सूद केवल नियमन करते हैं। खूब पूँजीवादी अर्थनीति में ब्याज अधिक बढ़ नहीं सकता। यह तो मृतप्राय और उत्पादन में बाधक-सा होता है। एकाधिकार कृत्रिम उपायों से इसे कायम जो रख रहा है उससे औपनिवेशिक साधनों के विस्तार को विशेष रूप से रोकता है और इधर के पूँजीवाद को अपने वितरण के खतरे से बचाता है। परन्तु, कृत्रिम रूप से ब्याज को इस तरह कायम रखना निश्चित रूप से बैठी हुई पूँजी और चालू पूँजी में संघर्ष उत्पन्न कर देगा। इधर की अर्थनीतियों में ब्याज और लाभ को उत्पादक तत्त्व के रूप में रखा जाना स्वाभाविक विकास में भारी हस्तक्षेप जैसा है। यह उन सभी खतरों का कारण और उत्पादक बनेगा, जिनका शिकार आज की विश्व अर्थनीति हो रही है।

इधर के पूँजीवाद के व्यक्तिगत स्वामित्व के खतरों को औपनिवेशिक अर्थनीतियों के क्षेत्र में इस प्रकार गिनाया जा सकता है—भुखमरी की बात,

विदेशी उत्तम मालों के उपभोग में कमी, और उत्पादक साधनों के जबर्दस्ती ह्रास की बात। परन्तु विकसित अर्थनीतियों के क्षेत्र में, आवश्यक वस्तुओं के उपभोग में कमी, विलासिता के उपादानों के उपभोग में वृद्धि की बात, अनुत्पादक बचत की बात, युद्ध योग्य और गोल-माल विधायक वस्तुओं के उत्पादन की बात और विस्तार हीन अर्थनीति में स्वार्थ को एकाधिकार के सिद्धान्त पर जारी रखने की बात। इनमें से कुछ बातें सम्भव हैं, एक-दूसरे में आ गई हों, विशेषकर प्रतिहत जनता के उत्पादक साधन। पश्चिमी यूरोप इनमें से किसी भी खतरे को पार करने में असमर्थ दीख रहा है। इसका परिणाम यह है कि इसके वर्ग अब वर्गों में परिणत हो रहे हैं, और इसकी अर्थनीतियों का नियमन हो रहा है। रूस ने व्यक्तिगत सम्पत्ति को नष्ट कर इधर के पूँजीवाद के आन्तरिक घेरे में उत्पन्न होने वाले खतरों को हटा दिया है, परन्तु आत्मनिर्भर, आत्मनिष्ठ अर्थनीति वाला देश होने के कारण मानव मात्र के दो-तिहाई वाले बाहरी क्षेत्र से एकदम उदास-सा है। हम लोगों का यह काम है कि आज के पूँजीवादियों का अग्रणी संयुक्त राष्ट्र अमरीका और प्रतिहत अर्थनीतियों का दर्पण एवं नेता भारत इन खतरों का सामना कैसे करते हैं?

आज के पूँजीवादियों का नेता क्या प्रतिहत जनता के उत्पादक साधनों को पुनर्जीवन प्राप्त कराने में सहायता पहुँचा सकता है। यह अपने पश्चिमी यूरोप या जापान के पूँजीवाद से भिन्न अवस्था में पड़ा हुआ है। जबकि इन सबों ने प्रतिहत अर्थनीतियों में व्यापक स्वार्थ पाया है, जिससे कि वे अपने उत्पादन-मूल्य पर ही अपने यंत्रों को बेच सकते हैं और अपने यंत्रों के मूल्य पर अपने औजारों को संयुक्त राष्ट्र अमरीका के पूँजीवाद के सामने कोई ऐसा बोझा देने वाला भूतकाल नहीं है। पर यह बात अमरीकी गोलार्द्ध के कुछ हिस्सों के लिए लागू नहीं है। एशिया और अफ्रीका की प्रतिहत जनता के हाथ बेचे गए उत्पादित माल के व्यापार को कोई खास महत्त्व इसकी

अपनी अर्थनीति में नहीं है। यह उनके हाथ मशीन और मशीन के औजारों के बेचने में स्वतंत्र है। इस प्रकार यह प्रतिहत अर्थनीतियों के साथ व्यापार करने, और पूँजी लगाने में इस प्रकार बन्धनहीन है कि अपने श्रमिकों के श्रम-घंटों के प्रतिफल को खूब बढ़ा सकता है। इससे पूँजीवाद की सम्पत्ति में एक नवीन तत्त्व का प्रवेश होता है। इस प्रकार शाही गत्यात्मकता को फिर से प्राप्त करने की सुविधा का द्वार खुल जाता है, भले ही वह अल्पकाल के लिए ही क्यों न हो। इस शाही गत्यात्मकता ने अपने विस्तार के साथ संसार को फँसाने का कार्य समाप्त कर दिया था और औपनिवेशिक गरीबी तथा बाधा के कारण इसने अपना संकोच शुरू कर दिया है। प्रतिहत अर्थनीति की आवश्यकता के अनुसार अपनी बिक्री और पूँजी को लगाने में संयुक्त राष्ट्र अमरीका की अर्थनीति उनकी उत्पादक-शक्ति को बढ़ा सकती है और बहुत बड़ी मात्रा में वस्तुओं के उत्पादन में उनको सहायता भी पहुँचा सकती है पर यह जापानी पूँजीवाद और पश्चिमी यूरोप के पूँजीवादों के द्वारा बलपूर्वक उत्पादित प्रतिहत अर्थनीतियों की आवश्यकता के सम्बन्ध में ऐसी बात नहीं है। इस प्रकार सैद्धान्तिक रूप में इस बात की सम्भावना है कि पूँजीवाद औपनिवेशिक अर्थनीतियों को फिर से साधन-सम्पन्न कर, अपना विस्तार कर सके, क्योंकि इसी क्षेत्र में विस्तार की अब भी सम्भावना है।

इस सैद्धान्तिक सम्भावना के विरुद्ध संयुक्त राष्ट्र अमरीका की अर्थनीति के अद्भुत आत्मनिर्भर चरित्र को उपस्थित करना चाहिए। जो कि इस अर्थनीति को पश्चिमी यूरोप और जापान की अर्थनीतियों से भिन्न करता है। संयुक्त राष्ट्र अमरीका को देना तो बहुत है पर वह दूसरों से लेगा बहुत-थोड़ा ही। विश्व के उत्पादक सामान, निर्मित माल, भोजन और कच्चे मालों का प्रमुख उत्पादक अमरीका ही है। दूसरे पूँजीपति राष्ट्र भोज्यान्नों के बहुत बड़े उपभोक्ता हैं और प्रतिहत अर्थनीतियों के राष्ट्र से शोषित कच्चे मालों के भंडारी भी हैं। इस प्रकार वे स्वयं देहात और शहर के भारी सम्बन्ध को

अपने और जनसंख्या की दो-तिहाई के बीच कायम रखते हैं। संयुक्त राष्ट्र अमरीका ने इस सम्बन्ध को बड़े पैमाने पर अपनी सीमा के भीतर ही रखा है। आज उसका महान व्यावसायिक उत्पादन उसकी इसी प्रकार महान कृषि उपज और खान-उपज के अनुरूप है। संयुक्त राष्ट्र अमरीका अपने यंत्रों के औजारों को लोकोमोटिव्स या छोटे डायनोमों के निर्माण के लिए बेचना चाह सकता है, यह फाउंटेनपेन और रेडियो में अपने निर्यात को बढ़ाना भी चाह रहा हो, पर इस चाहने में प्रतिहत क्षेत्र में खर्चीली अर्थनीति की आवश्यकता है। लेकिन इस बिक्री के बदले वह चाहेगा क्या? भोजन, फल, मांस, रुई, लोहा, पेट्रोल, व्यापक व्यवहार की वस्तु का उत्पादन या विश्व-व्यापार में सबसे अधिक परिमाण वाली बिक्री योग्य वस्तुओं में कोई विशेष प्रकार की वस्तु वह नहीं चाहेगा। अमरीका दे तो सकता है पर यह ले नहीं सकता है, यह भावना इधर से पूँजीवादी राष्ट्रों के नेता को बल देता है कि वह विश्व-व्यापार को दो तरफ विस्तार की दिशा में छोड़ दे। यदि दूसरे पूँजीवादी राष्ट्र इस भय से कि कहीं इससे उनकी ही हानि न हो जाए, अपनी विश्व अर्थनीति को विस्तारित करने में असमर्थ हो, तो वर्तमान पूँजीपतियों का अग्रणी भी पाएगा कि उसकी आशाएँ निराधार हैं, भले ही उसके भय के लिए कोई कारण नहीं है। फिर भी संयुक्त राष्ट्र अमरीका की अर्थनीति के सम्बन्ध में, जैसा कि निकट के वर्तमान में हम पाते हैं, यह बढ़ा-चढ़ाकर कहना सम्भव है कि इसमें ग्राहकता नहीं है। प्रतिहत क्षेत्रों में साधनों के विस्तार के कारण, सिकियांग के फर, चीन के रेशम, भारत के जरी के काम संयुक्त राष्ट्र अमरीका की जनता के व्यापक उपभोग में ऐसे आ सकते हैं, जैसे ये वृहत् व्यापार के सामान हों।

यह भी सम्भव है कि प्रतिहत जनता अपनी वैज्ञानिक कुशलता और सामूहिक क्रिया द्वारा विश्व-व्यापार में जीवन-संचार के लिए अभी भी नये सामान और कच्चे माल का उत्पादन करे, परन्तु यह उनके अपने श्रम से

हो सकता है, बाहरी कोई राष्ट्र यह प्रेरणा उनमें उत्पन्न नहीं कर सकता है। इधर के पूँजीवादों का अग्रणी, इसके साथ ही इसके लिए अयोग्य होगा कि वह प्रतिहत अर्थनीतियों को फिर से साधन-सम्पन्न करने के लिए अपनी योग्यता को पूरे तौर पर लगा दे एवं प्रौढ़ता प्राप्त अर्थनीति का नेतृत्व संयुक्त राष्ट्र अमरीका के हाथ लगा है, और ऐसी अवस्था में वह वर्तमान व्यवस्था में अधिक हस्तक्षेप करने में असमर्थ रहेगा। पश्चिमी यूरोप में पूँजीवाद ने जापानी पूँजीवाद द्वारा अच्छी तरह सहायता और प्रतिद्वन्द्विता प्राप्त कर प्रतिहत विश्व के बड़े हिस्से को एक राजनीतिक शासन के अधीन अच्छी तरह गूँथ दिया है, जो कि शहर-ग्राम जीवन के सम्बन्ध को कार्यान्वित करने का निश्चित विश्वास देता है। संयुक्त राष्ट्र अमरीका इन विभिन्न पूँजीवादों की स्थिरता रखने वाले अनेक एजेंटों के रूप में मंजूर कर ले, और वह भी तब जबकि वह परस्पर या किसी अन्य से युद्धरत न हो, तो इसे उनके साथ मिलकर काम करना चाहिए। सम्भव है कि शत्रुता की भावना से युक्त प्रतिस्पर्धा की धारा भीतर-ही-भीतर प्रवाहित हो, कभी-कभी भयंकर संघर्ष भी करा सकती है, और युद्ध सदा उपेक्ष्य नहीं भी हो सकता है, पर सामान्य उपाय के रूप में संयुक्त राष्ट्र अमरीका को चाहिए कि वह अनिश्चित और जिसकी कल्पना पहले से नहीं की जाती हो ऐसे संसार में, इन पूँजीवादों को अपने स्थायित्व के लिए एजेंट की तरह अवश्य स्वीकार कर ले। प्रतिहत राष्ट्र स्थिर राष्ट्र के निर्माण के सम्बन्ध की धारणा एकदम भिन्न रखे, यह सम्भव है, पर वर्तमान पूँजीवाद के नेता को भविष्य में उत्पन्न होने वाली स्थिरता के प्रयोग के लिए असीम साहस की आवश्यकता होगी। निष्कर्ष के रूप में संयुक्त राष्ट्र अमरीका को शाही व्यापार नीति के साथ समझौता करना होगा और प्रतिहत अर्थनीति के राष्ट्रों में उत्पादक-माल को बेचना सीमित करना होगा। इसके साथ ही, संयुक्त राष्ट्र अमरीका, समाजवादी दलों के साथ बिक्री-सम्बन्ध और पूँजी लगाने को अधिक पसन्द करेगा।

यह एक ऐसा प्रश्न है, जिस पर हम विस्तारपूर्वक विचार करेंगे। पर यह तो एकदम सन्देहास्पद है कि पूँजीवादी वर्गों के द्वारा प्रतिहत अर्थनीतियों को पुनः साधन-सम्पन्न किया जाएगा।

संयुक्त राष्ट्र अमरीका विवश होगा कि वह जहाँ तक हो सके प्रतिहत अर्थनीतियों वाले राष्ट्रों के साथ होने वाले अपने व्यवहार को विस्तृत करे, इसकी लगातार मूल्य-ह्रास की अवस्था इसे ऐसा करने को विवश करेंगी यह उस आधार पर कायम नहीं रह सकता है, जिसने इसकी उत्पादन वस्तु के सूचनांक को 1927 में 100 से नीचे 87 और 1938 में 54 पर उतरने को विवश किया था। इसके बीच के कुछ वर्ष तो एकदम खराब थे। इसके विपरीत ब्रिटेन का सूचनांक 1937 में 133 तक और 1938 में 199 तक पहुँच गया था। केवल शस्त्रोद्योग से अमरीका के पतन और ब्रिटेन के उत्थान को पूर्णरूप से समझा नहीं जा सकता। इसमें महत्त्वपूर्ण हाथ उस समान परिस्थिति का था, जिसने अमरीका में औद्योगिक लाभ की दर को 1929 में 12.8%, 1932 में 2%, 1937 में 6.7% और 1938 में 3.08% पर नीचे उतार दिया। परन्तु यही दर ब्रिटेन में उन्हीं वर्षों में 10.5, 8.5, 11.2, और 12% के हिसाब से लगभग अपने स्थिर रूप में कायम रही। यह बात महत्त्वपूर्ण है कि अमरीका की उत्पादक कम्पनियों में अधिक संख्यक ने 1931 और 32 में लाभ-दर को नकारात्मक में अंकित किया है। संयुक्त राष्ट्र अमरीका यह समझने में भूल नहीं कर सकता कि ब्रिटेन अभी भी इस योग्य है कि बाह्य गत्यात्मक के व्यवहार में ह्रास को धीमा कर सके, यद्यपि उसकी गत्यात्मकता धीमी पड़ती जा रही है। पर उसमें क्षमता है कि वह बदले की व्यवस्था और सीमित उत्तम वस्तु के उपभोग को दे सके। अमरीका अर्थनीति ने अपने आन्तरिक गत्यात्मकता को लगभग समाप्त कर लिया है। और इसने उसे भी नष्ट कर लिया है, जो उसे अमरीकी गोलार्द्ध में मिलती। परिणामस्वरूप, यदि इसे अपने को बचाना है, तो यह किसी

बाह्य गत्यात्मक की खोज करे, जो व्यवहार काल में अपना विस्तार कर सके। इधर की घटने वाली घटनाएँ एक प्रकार का सबल उत्साह कर रही हैं, जो इस कार्य के लिए प्रेरणा दे रहा है।

प्रतिहत जनता के उत्पादक-साधन के सम्बन्ध में, संयुक्त राष्ट्र अमरीका की परिस्थितियों को हम इस प्रकार एकत्र समझ सकते हैं। बाहरी गत्यात्मकता को विकसित करने की नितान्त आवश्यकता एक ओर उत्पादक मालों को देने की चाह, दूसरी ओर स्थिरता के विधायक एजेंट के रूप में उपस्थित वर्तमान पूँजीवादों के साथ मिलना और दूसरी अर्थनीतियों के राष्ट्र से अधिक मात्रा में माल प्राप्त करने में तुलनात्मक अयोग्यता। इससे, जो स्वीकारात्मक प्रतिफल मिल सकते हैं वे केवल ये हैं कि वर्तमान विश्व के ढेर का कुछ स्थान परिवर्तन कर सकता है और चीन की प्रतिहत अर्थनीति में कुछ विस्तार, क्योंकि चीन राजनीतिक दृष्टि से अब गुलाम नहीं है। संयुक्त राष्ट्र की अर्थनीति सम्भव है कि अपने दबाव से अपने पूँजीवादी-साम्राज्यवाद राष्ट्रों को प्रेरित करे कि वे औपनिवेशिक साधनों के अति सीमित विकास को या तो सुविधा दें या आगे बढ़ने दें। शेष के लिए, अमरीका व्यापक रूप से बाधक होकर काम करेगा, यदि अमरीका पश्चिमी यूरोप और जापान के पूँजीवादों के सामने, पूँजीवादी पद्धति से अछूत औपनिवेशिक नागरिकों के स्थिरता प्राप्त करने में रोक उत्पन्न करेगा, तो यह अपने अतीत से शीघ्र नाता तोड़ने की सुविधा पाने की दिशा में भी प्रतिहत जनता को बाधा पहुँचाएगा। इस प्रकार यह अपनी उत्पादक-क्षमता के व्यवहार के क्रमिक ह्रास को रोकने में स्वयं असमर्थ होता जाएगा अथवा प्रतिहत जनता के उत्पादक साधनों में बाधा के बिना विकास होता रहेगा। यह विश्व अर्थनीति के भयंकर खतरे को ठीक से हटा भी नहीं सकेगा। विश्वव्यापी जातीयता के ढाँचे में ढलने वाले पूँजीवाद के ह्रास को कठिन बनाने में यह कितना विलम्ब कराने में समर्थ हो सकेगा या पूर्णमुक्त विश्व अर्थनीति का आगमन, यह दूसरा ही

प्रश्न है। उत्पादन और उसके झुकाव का विश्व सूचनांक यह बताएगा कि हमारी इस शताब्दी के बीतने के पहले, दोनों में से कोई एक अवश्य अच्छी तरह कार्य में परिणत हो। पूँजीवाद या तो विश्व-भर में जातीयता के रूप में स्थिर हो जाए या मुक्त अर्थनीति के आगमन के साथ ही विदा हो जाए और संयुक्त राष्ट्र, इस बीच या तो इसे रोकेगा या साधारणतः चुप्पी साध लेगा। प्रतिहत, साधनों के आधुनिक विकास के सम्बन्ध में अमरीका की अर्थनीति विभाजित स्वार्थ की या विलम्ब करने की प्रवृत्ति दिखा रही है। इस प्रकार औपनिवेशिक जनता के नेतृत्व से अमरीका ने अपने-आपको लगभग पूर्ण रूप से वंचित कर लिया है। क्या और क्षुधार्त होती हुई जनता इस नाशोन्मुख पूँजीवाद को आत्मसमर्पण करेगी या मानवता के स्तर पर उठने का प्रयत्न करेगी?

अमरीका का कौशल-सम्बन्धी खतरा इस बात से आँका जा सकता है कि जब सम्पूर्ण उत्पादन का सूचनांक 1929 में 100 से 1938 में 73 पर उतर आया, प्रति व्यक्ति घंटा का अतिरिक्त उत्पादन जो आरम्भ में 100 था, पिछले वर्षों में 116 हो गया। वैज्ञानिक और व्यवस्था-सम्बन्धी विकास के प्रति श्रम-घंटा का प्रतिफल लगातार बढ़ ही रहा है, इससे परिचित मालों के उत्पादन में इसके अनुरूप और चिन्ताजनक वृद्धि नहीं हो सकती है। इसलिए या तो कार्यकाल कम करा दिया जाए या मनुष्यों को काम से हटा दिया जाए। इसमें दूसरा विकल्प ही काम में लाया जा रहा है। भारी यंत्रीकरण और व्यापक मात्रा में उत्पादित माल की परिचित पद्धति में होने वाले निरन्तर विकास की चोट का पता तब चलेगा जबकि वैज्ञानिक सबल उत्साह इसके साथ व्यापक रूप से नये माँगों का सृजन करे या उनको सन्तुष्ट करने के साधनों का ही। माँगों की लगातार वृद्धि क्या उचित है? इस प्रश्न को छोड़ देने पर भी, अमरीका का अनुभव बताता है कि यह सम्भव नहीं है। आज की सबसे बड़ी पद्धति है हवाई यात्रा, जिसके बारे में बहुत कुछ जाना जा

चुका है। अमरीका के एक वक्तव्य के अनुसार, हवाई जहाज का उद्योग और इसके यात्री आने वाले वर्षों में, सम्पूर्ण जनसंख्या के केवल 6 और 10% के बीच के लोगों को ही काम दे सकेंगे। यह अतिशयोक्ति मालूम पड़ती है। यदि यह ठीक भी हो तो यह बहुत दूर तक रेल और जहाज के यातायात को धक्का पहुँचाकर ही होगा। इसका नतीजा निकला कि यह एकदम नया काम नहीं हुआ। यह ठीक है कि परिचित दिशाओं में ही विज्ञान विकास कर रहा है, फिर भी इसका कोई स्पष्ट सबूत नहीं मिल रहा है कि अमरीका की अर्थनीति नवीन क्षेत्रों की उद्‌भावना द्वारा उसकी बराबरी कर सकेगी। यह एक उद्योग से दूसरे उद्योग के कौशल-सम्बन्धी विकास को बरबस ह्रास की ओर ले जाने का कारण बनेगा। यह विज्ञान का स्थिर और सन्तुलित प्रयोग भी नहीं होगा और इस प्रकार स्थिरता तो आएगी ही नहीं।

अमरीका का विज्ञान लचक-युक्त और लघु इकाई की विधि की समस्या का समाधान नहीं है, जैसे युद्ध ने इसे जीप गाड़ी दी। यह एक प्रकार से सभी कामों के योग्य बना है। यह खेत जोत सकता है, दुग्ध उत्पादन के लिए शक्ति दे सकता है और इसके अलावा यात्रा साधन है ही। अमरीका के कृषि विभाग ने हिसाब लगाया है कि जीप, प्रति एकड़ आधा गैलन की दर से ही भारी ट्रैक्टर का काम कर सकता है, जो कि 303 गैलन प्रति एकड़ खर्च करता है। इससे बढ़कर नवीन कौशल का कोई दूसरा उदाहरण नहीं मिल सकता है, जिसके लिए हम प्रयत्न करें। इससे, कम खर्च में और कम पूँजी लगाने पर ही सारे काम बन जाते हैं। इसी प्रकार संयुक्त राष्ट्र अमरीका के निर्यात-व्यापारियों के बारे में कहा जाता है कि वे प्रतिहत अर्थनीतियों में व्यवहार के लिए छोटे-छोटे डायनोमा पूरा करने में लगे हैं। ये डायनोमा पहले के 40 डॉलर की अपेक्षा 15 डॉलर के खर्च में ही अश्वशक्ति देंगे। छोटी हवाई की विधियों के ये प्रयोग वस्तुतः इस अर्थनीति की शाखाएँ हैं, जो मुख्यतः व्यापक और भारी यंत्रीकरण से युक्त रहने की प्रतीक्षा करती है।

परम्परागत विधि को संयुक्त राष्ट्र अमरीका अब अधिक तोड़ नहीं सकता है, जैसा कि पश्चिमी यूरोप के राष्ट्र कर सकते हैं। लघु-वाट (बिजली का नाप) इकाई के व्यवहार पर किया गया प्रयोग और होने वाला प्रयोग, सम्भव है, प्रतिहत अर्थनीतियों को प्रेरित करे कि वे अपने औद्योगिक उद्धार को लघु इकाई की विधियों के आधार पर आधारित करें।

संयुक्त राष्ट्र अमरीका के विज्ञान को अभी भी जीवन के आराम में मदद पहुँचानी है। इसे गर्मी और ठंडक के लिए गैस देना है। इस विज्ञान को प्लास्टिक, कपड़ा के योग्य तन्तु, नई दवा, शल्य-चिकित्सा, आवश्यकता पड़ने पर युद्ध के लिए नये वस्त्रादि देने हैं। विज्ञान को अपने अधिक संख्यक नागरिकों के लिए जीवन के आराम के सामान अधिक मात्रा में देना है। लेकिन लघु-इकाई की विधि के पीछे परेशान होने या इसे धीरे-धीरे उन्नत करने के अलावा अमरीका का विज्ञान कोई दूसरा औद्योगिक आधार नहीं दे सकेगा, जो अधिक सबल उत्पादन, वितरण और रक्षा को धारण कर सके।

जबकि पश्चिमी यूरोप पूँजीपतियों के बीच, बिना अधिक मुखर युद्ध हुए, अन्तरराष्ट्रीय-समझ के सिद्धान्त को प्रेरित कर रहा है, जिसकी युद्ध-विरोधी कदम के रूप में खूब चर्चा है, निशस्त्रीकरण या सीमित शस्त्रीकरण, विश्वसंघ या विश्व-पुलिस के रूप में। इस सम्बन्ध में किसी को उनके अतीत के इतिहास की चर्चा करने की आवश्यकता नहीं है, न ही भविष्य में उनके प्रभावहीनता की भविष्यवाणी करने की ही। श्रम के शाही-औपनिवेशिक विभाजन पर आश्रित अर्थनीति का बना रहना और सीमाबद्ध साम्राज्यवाद की हद में पूँजीवाद का गुणाकरण ही उनका आधार है। इस प्रकार ये प्रयत्न बाँझ और प्रभावहीन बने रहेंगे, जब तक आर्थिक विचार का कोई महान सिद्धान्त विश्व न्याय को राष्ट्रीय कल्याण से न जोड़ दे या कि पूँजीवाद पूरी तरह निरर्थक न हो जाए। तब तक ये सभी नैतिक शिक्षा, जागरण,

अधिक-से-अधिक भविष्य की आशा और वर्तमान के प्रति एक छिछली आलोचना के रूप में ही बने रहेंगे। अधिकांश में यही बात वर्ग-संघर्ष के सिद्धान्त के लिए भी कही जा सकती है जो युद्ध से मुक्ति के सम्बन्ध में पश्चिमी यूरोपीय मार्क्सवादियों द्वारा प्रचारित है। दो बार यह असफल हुई है, एक बार द्वितीय अन्तरराष्ट्रीय के मामले में और फिर एक बार तृतीय अन्तरराष्ट्रीय के समय, साम्राज्यवादी युद्ध को गृह-युद्ध में बदलने में और इस प्रकार शान्ति में परिवर्तित करने में। यह और कुछ नहीं हो सकता क्योंकि पूँजी और श्रम के बीच पश्चिमी यूरोपीय वर्ग-संघर्ष अपने में ही कट जाता है, विश्वव्यापी साम्राज्यवादी-उपनिवेश के रिश्ते और उसके परिणाम से। जब तक औपनिवेशिक अर्थनीति अपनी अड़चनों पर विजय नहीं पाती, वर्ग-संघर्ष का मार्क्सवादी सिद्धान्त पश्चिमी यूरोपीय सिद्धान्तों पर अधिक-से-अधिक एक नकारात्मक प्रभाव ही डालेगा और एक बाधा और उलझन का स्रोत बना रहेगा।

सामाजिक कार्यों के कुछ साहसिक प्रयत्नों, जैसे म्यूनिसिपल लन्दन ट्रांसपोर्ट या बर्लिन के मजदूरों के सम्बन्ध में, ने काफी ध्यान आकर्षित किया है। पूँजीवादी व्यवस्था के ऐसे समाजीकरण की उपादेयता वास्तविकता से अधिक विवादास्पद है क्योंकि इससे पूरी अर्थनीति प्रभावित नहीं होती। ऐसे सतही सामाजिकता से लगभग पूरी अर्थनीति पूँजीवादी हाथों में ही रहती है। लन्दन के यातायात को म्यूनिसिपल आधिपत्य में लाने की बात ने बरसों तक जब जनता का ध्यान आकर्षिक रखा, तब पूँजीवादी प्रयत्न अपने को कई गुणा बढ़ाता रहा मोटर उद्योग को विस्तार देने में; रेडियो इंजीनियरिंग में; और हवाई जहाज निर्माण में। ऐसे सामाजिक प्रयत्न तब तक सतही रहते हैं जबकि पूँजीवादी अर्थनीति में वे बड़े वर्ग को प्रभावित न करें। ये मौजूदा प्रयत्न सिद्ध करते हैं कि पश्चिमी यूरोपीय अर्थनीति सतही रहेगी और इसका पूँजीवादी धरातल नहीं बदलेगा।

जर्मनी के वेइमार संविधान अन्तर्गत मजदूर वर्ग की उद्योग के प्रबन्ध में हिस्सेदारी के आन्दोलन ने अवश्य कुछ जोर पकड़ा, लेकिन अपने अल्पकालिक अस्तित्व में यह भी किसी महान परिवर्तन की आशा न दिला सका। मजदूरों को काउंसिल बहुत करके मात्र मजदूरी घटने और काम की गिरती स्थिति को रोक सकी, अन्यथा वह भी विदेशी व्यापार के क्षेत्र में मजदूर वर्ग का वही इस्तेमाल करती रही जैसा उद्योगों के मैनेजर करते थे। यह सचमुच आश्चर्य का विषय है कि पश्चिमी यूरोपीय पूँजीपतियों ने कभी पसन्द नहीं किया कि मजदूर वर्ग की उद्योग के प्रबन्ध में हिस्सेदारी हो सके। यह आंशिक रूप से शायद निश्चित मजदूरी की बढ़ोतरी और डगमगाती अर्थनीति के आपसी टकराव के कारण हुआ हो, लेकिन वर्ग-असहिष्णुता भी इसका एक निश्चित कारण है।

मजदूर वर्ग के आंशिक आन्दोलनों और हड़तालों ने निकट अतीत के पूँजीवादी विकास में महान परिवर्तन पैदा किया है। उन्होंने पश्चिमी यूरोपीय समाज को वर्ग ढाँचे से जाति ढाँचे में परिवर्तित होने के रास्ते को अवरुद्ध कर दिया। क्या वर्ग जाति में बदलेगा? वर्गों को जातियों में बदलने के पश्चिमी यूरोपीय रुझान को जर्मनी के नाजी आन्दोलन में स्पष्ट रूप से देखा जा सकता है। राजनीतिक शक्ति के प्रयोग द्वारा जर्मनी में सभी प्रकार के आन्तरिक आर्थिक हलचलों को रोक दिया गया है। मजदूर राज्य द्वारा निर्धारित मजदूरी पाते हैं, श्रम के एक स्थल से दूसरे स्थल में राज्य के आदेश पर इनका स्पन्दन होता है, काम के नियम और छुट्टियों और इनकी गतिविधियों का निर्णय राज्य द्वारा होता है, इसी तरह राज्य पूँजी पर मुनाफा भी निश्चित करता है, नई पूँजी लागत का निर्णय भी राज्य करता है और राज्य ही यह भी निश्चित करता है कि विभिन्न उद्योग पूँजी, कच्चा माल और श्रम में कौन प्राथमिकता पाएँगे। इस प्रकार जर्मन अर्थनीति ने वर्गों को जातियों में बदलने की दिशा में बड़ा कदम उठाया

है, जबकि दूसरी पश्चिमी यूरोपीय अर्थनीतियाँ इस दिशा में फूहड़पन से काम कर रही हैं।

इंग्लैंड में भी साधारणतया एक खनिज मजदूर का लड़का एक खनिज मजदूर का ही बाप होता है। एक व्यक्ति का एक वर्ग से दूसरे वर्ग में जाना बहुत आसान है, लेकिन जाति-व्यवस्था में यह सम्भव नहीं है। वर्ग एक समूह है जो अर्थनीति द्वारा संचालित है, इसमें उच्चता की सम्भावनाएँ हैं। लेकिन एक जाति एक निश्चित आर्थिक इकाई है, इसकी सम्भावनाएँ धार्मिक घेरे में हैं। जातिगत राजनीति का बड़ा नाटक पश्चिमी यूरोप में खेला जा रहा है और इसमें भाग लेने वाले अपने कार्य के महत्त्व से अनभिज्ञ हैं कि इस खेल का अन्त क्या होगा। अन्त कुछ भी हो, कैसा भी हो, पर यह निश्चित है कि इसका अन्त वर्गों का जातियों में बदलने के आन्दोलन के रूप में ही होगा। और यह नाटक, जब अच्छी तरह जम जाएगा तो वहाँ के लोगों के लिए यह एक सांस्कृतिक मौत सिद्ध होगा।

हाल के पूँजीवादी विकास की इस जाँच से पश्चिमी यूरोपीय अर्थनीति के हम दो नतीजे स्पष्ट देखते हैं—वर्ग का जाति में परिवर्तन और सामाजिक बदलाव लाने के कुछ प्रभावहीन प्रयत्न।

लगभग तीन दशक पूर्व रूस ने पूँजीवादी व्यवस्था से मुक्ति पाई। रूसी अर्थनीति के विकास के अध्ययन से यह तो स्पष्ट पता लगता है। इसने पूँजीवाद को कैसे समाप्त किया और नई अर्थनीति को प्रोत्साहित किया और इसकी अब क्या अर्थनीति है। लेकिन इसके अध्ययन में सही रूसी अर्थनीति से सम्बन्धित पूरी जानकारी न मिलना एक बड़ी बाधा है।

रूसी अर्थनीति ने दो उद्देश्यों पर जोर दिया है—समाजीकरण और आधुनिकीकरण। इन दोनों उद्देश्यों में निश्चित रूप से उसने मार्क्सवादी सिद्धान्त का सहारा लिया है। जहाँ तक समाजीकरण के उद्देश्य का सम्बन्ध है, प्राथमिक कदम अर्थनीति ही रहा है। समाज के स्वामित्व की स्थापना

और उत्पादन के तरीकों पर नियंत्रण, जबकि अन्य सब कुछ राजनीतिक कार्य के लिए छोड़ दिया गया। जहाँ तक आधुनिकीकरण का प्रश्न है रूसी विकास ने निश्चित रूप से उत्पादन को बढ़ाया है। 'आधुनिक' के अर्थ को रूसियों ने पूँजी-उत्पादन के रूप में स्वाभाविक ढंग से समझा है। मार्क्स के ऐतिहासिक दृष्टिकोण से भी ऐसा ही है, क्योंकि इसी के बीच से समाजवादी समाज निकलना था। यह एकाधिपत्य उत्पादन है, सामूहिक उत्पादन है, और रूसियों ने इसे पूरी तरह स्वीकार लिया है कि अर्थनीति और अधिक उत्पादन का लाभ ही एक पूँजीवाद को दूसरे के मुकाबले आगे लाता है, यही राष्ट्र की अर्थनीति भी निश्चित करता है। इसी विश्वास और आधुनिकीकरण के आदर्श के कारण रूसी अर्थनीति ने नवीनतम पूँजीवादी तरीका—अधिकतम उत्पादन—अपनाया है, और इस तरह कुछ नये ढंग ईजाद किये हैं जो पूँजीवाद से मिलती-जुलती पारिवारिकता का एक रूप है। पारिवारिक समता का यह ऊपरी ढाँचा और एक हद तक, यही समाजवादी आदर्श का आधुनिकीकरण से टकराव भी है।

रूसी पंचवर्षीय योजनाएँ भी वास्तव में उद्योगों में अधिक उत्पादन की ही पक्षपाती रही हैं, साथ ही उत्पादित वस्तुएँ और मशीनी यातायात की ओर झुकी रही हैं। उपभोक्ता वस्तुओं का न्यूनतम उत्पादन हुआ है। यह स्वाभाविक ही था, क्योंकि भारी उद्योगों और यातायात के प्रारम्भिक औजारों के लिए रूस को लगभग धूल से ही उठकर निर्माण करना पड़ा है। हाँ, तीसरी पंचवर्षीय योजना की शुरुआत में इस नीति के बदलने की बात थी, लेकिन इरादे अधूरे ही रहे, क्योंकि युद्ध की तैयारी ने उपभोक्ता वस्तुओं के उत्पादन को अवसर ही नहीं दिया। किसी भी देश के अर्थनीति-निर्धारण में युद्ध की बहुत प्रभावशाली भूमिका रहती है। सोवियत अर्थनीति इसमें खरी उतरी। यह कहा जा सकता है कि अमरीका व ब्रिटिश सहायता न होती तो शायद रूसियों को स्टालिनग्राड और मास्को से जर्मन खदेड़ देते और

रूसी मदद के बिना ब्रिटिश अर्थनीति शायद बड़ी खतरनाक स्थिति का मुँह देखती। सोवियत अर्थनीति भी अन्य पूँजीवादी अर्थनीति की तरह ही युद्ध के दबाव को सहने में समर्थ रही। यह पूर्णतया आर्थिक तथ्य है कि रूसी अर्थनीति को युद्ध की तैयारी करनी है अतः उसने भारी उद्योगों, बड़े शस्त्र और बड़ी संख्या में सेना की पूरी तरह व्यवस्था की। इस प्रकार युद्ध के प्रति रूसी अर्थनीति का यही रुख रहा जो किसी भी बड़े पूँजीवादी अर्थनीति का हो सकता था। यहाँ यह चर्चा या खोज व्यर्थ होगी कि युद्ध के प्रति और भी कोई दूसरा दृष्टिकोण हो सकता था या नहीं।

साम्यवादी रूस की आशाएँ और भय उसकी शक्ति से अधिक विशाल दिखाई पड़ते हैं। पूँजीवाद का प्रहार अभी भी चालू है, चाहे इसका जो भी आर्थिक या नैतिक कारण हो। सम्भव है कि रूस अपनी शक्ति में बढ़े और किसी अन्य शक्ति की ही भाँति प्रभाव बढ़ाए कि वह राजनीतिक और आर्थिक दबाव भी डालना चाहे, और तब पड़ोसी पूँजीवादियों में संकोच की स्थिति पैदा हो। फिर भी, विश्व पूँजीवाद में टूटन आएगी, यदि इसे आना है, तो वह समाजवादी शक्ति से युद्ध के परिणामस्वरूप न आकर पूँजीवादी साम्राज्यवादी ढाँचे के अन्तर्गत घटने वाली घटनाओं के कारण आएगी। आर्थिक रूप से इन घटनाओं से रूस को कुछ लेना-देना नहीं, चाहे कम्युनिस्ट अन्तरराष्ट्रीयता के माध्यम से उसका राजनीतिक हस्तक्षेप भी रहे।

रूस की धरती पर युद्ध की विभीषिका ने एक नई व विशाल अर्थनीति के तथ्य को जन्म दिया है। युद्ध द्वारा प्रत्यक्ष विनाश के फलस्वरूप रूस की उत्पादन-शक्ति का ह्रास होना दिखता है। युद्ध उत्पादन को बनाए रखने के लिए जनता को उपभोक्ता वस्तुओं के लिए भूखा रहना पड़ा, यह याद रखना होगा और अब फिर भी इसी उत्पादन को चालू रखना पड़ेगा। बड़े उत्पादन का चरित्र ही विध्वंसकारी होता है। रूसी योजना में दो गलतियाँ स्पष्ट दिखाई पड़ती हैं। इस बात पर कोई शंका नहीं की जा सकती कि

रूसी योजना बनाने वालों ने यह कभी नहीं सोचा था कि दुश्मन के पाँच सौ मील भीतर घुस आने की भी सम्भावना हो सकती है जो वोल्गा के पश्चिम उनके औद्योगिक केन्द्र तक आ जाए। साथ ही उत्पादन के बँटवारे में भी दूरदर्शिता से काम नहीं लिया गया। अब लघु-स्तरीय टेकनीक के साथ लघु-स्तरीय उत्पादन की ओर अधिक ध्यान जा रहा है। रूसी योजना बनाने वालों की अदूरदर्शिता ने ही उनके बड़े उद्योगों को क्षति पहुँचाई है।

अभी तत्काल अस्थायी तौर पर जनता पर युद्ध की आवश्यकता के रूप में जो भार लाद दिया गया है, दूसरे रूप में वही किसी भी राष्ट्र के लिए राष्ट्रीय योजना हो सकती थी। इससे भारी मशीनीकरण का लाभ कुछ ही लोगों का सर्वाधिकार नहीं होता। उद्योग से कृषि के क्षेत्र में फैलता और टेकनीक की समस्या अर्थनीति में प्राथमिकता से महत्त्व पाती। कृषि और उद्योग का मिला-जुला मशीनीकरण जिसे करने में रूस प्रयत्नशील है, उसमें बड़ी संख्या में लोगों की खपत होगी। और युद्ध के लिए विदेशी खपत का रास्ता भी खुलेगा। सम्भव है कि रूस किसी-न-किसी समय विश्व के व्यापार में उतरेगा और पश्चिमी यूरोपीय पूँजीवाद से अधिक सुविधा में रहेगा। यह भी सम्भव है कि नई आवश्यकताएँ उत्पन्न हों और उनकी पूर्ति के लिए नये उद्योग लगाए जाएँ।

यह अच्छी तरह समझ लेना होगा कि भारी मशीनीकरण की यह समस्या एक समाजवादी अर्थनीति में बिलकुल वैसी ही नहीं होगी जैसी निजी व्यवस्था के क्षेत्र में। निजी मिल्कियत में पूँजी का दोहरा काम होता है। एक तो ब्याज और मुनाफे के रूप में और दूसरा नये विकास के साधन के रूप में। उत्पादन के एक साधन के रूप में एक समाजवादी व्यवस्था में भी पूँजी का उसकी तमाम समस्याओं के साथ महत्त्व होता ही है।

रूस के भावी राजनीतिक विकास के सम्बन्ध में हमारी बाद की खोज चाहे हमें जो भी जानकारी दे, इस अर्थ-सम्बन्धी जाँच ने यह स्पष्ट कर दिया है कि रूस का राज्य विहीन समाज के रूप में बदला जाना सम्भव नहीं है न ही वह पूँजीवाद पर समाजवादी विजय का हथियार ही है। पूँजीवादी व्यवस्था से उसका अलग होना अमरता की हद तक प्रभावी नहीं है। जब तक उसकी उत्पादन-पद्धति, खासकर उसकी आर्थिक प्रतिरक्षा, वैसी ही रहेगी जैसी है, उसका अन्तर्विरोध बना रहेगा और वह राज्य, विश्व-निर्धनता और युद्ध के उन्मूलन का रास्ता दिखाने में असमर्थ रहेगा। उससे जो दिखाया है वह समाज के स्वामित्व के अन्तर्गत सुनियोजित अर्थनीति की सम्भावना है और वह महान शक्ति भी जिसे कोई ध्वस्त राष्ट्र द्रुत गति से प्राप्त कर सकता है। जर्मनी के साथ युद्ध ने भी रूस को एक शक्तिशाली राष्ट्र बनाया है, जिसके दोस्ती के हाथ के लिए दूसरे राष्ट्र उत्सुक होंगे। इससे अच्छे या बुरे प्रभाव जो भी हों, लेकिन विश्व इतिहास के प्रमुख अभिनेताओं को कहीं और से ही खोजना पड़ेगा।